教科書ワーク
もくじ

東京書籍版
かん字2年

JN093982

【イラスト】artbox、植木美江、かつまたひろこ、久保朋子、小山敬子、TICTOC、みやもとかずみ

お話(はなし)を　音読(おんどく)しよう

きほんのワーク

風(かぜ)の　ゆうびんやさん　かん字を　つかおう1

教科書(きょうかしょ)　上14～25ページ

べんきょうした日　月　日

●風の　ゆうびんやさん／かん字を　つかおう1

16ページ

風（つき出さない・はらう・はねる・とめる）

風　かぜ

読みかた：フウ・（フ）　かぜ・かざ

つかいかた：風雨(ふうう)・風力(ふうりょく)・風車(かざぐるま)　風(かぜ)がふく

9かく

「風」の　かたち。
風　二かく目は　すこし　そらせて、上に　はねる。
一かく目は　はらう。

18ページ

元（ながく・はらう・まげる・はねる）

元　ひとあし　にんにょう

読みかた：ゲン・ガン　もと

つかいかた：元気(げんき)・元日(がんじつ)　足元(あしもと)

4かく

◆「読みかた」の　赤い　字は　教科書で　つかわれて　いる　読みです。
は　まちがえやすい　かん字です。

18ページ

読（ながく・はねる・はらう・まげる）

読　ごんべん

読みかた：ドク・トク・トウ　よむ

つかいかた：音読(おんどく)・読書(どくしょ)・読本(とくほん)　読点(とうてん)・本を読(よ)む

14かく

「読」の　かたち。
○　読
×　読
「士」の　ぶぶんは、上の　よこぼうを　ながく、下の　よこぼうを　みじかく　書くよ。

19ページ

言（ながく）

言　げん

読みかた：ゲン・ゴン　いう・こと

つかいかた：言語(げんご)・伝言(でんごん)　おれいを言(い)う・言葉(ことば)

7かく

21ページ

光

ひとあし にんにょう 光

はらう　まげる　はねる

読みかた

コウ

ひかる・ひかり

つかいかた

日光（にっこう）・光線（こうせん）・月光（げっこう）

月が光（ひか）る・光（ひかり）が当たる

光光光光光光

6かく

ちゅうい！

「光」の ひつじゅん。

「光」は、

「光 光 光 光 光 光」と かくよ。

たてぼうを さいしょに かくよ。

22ページ

話

ごんべん 話

つける

読みかた

ワ

はなす・はなし

つかいかた

会話（かいわ）・先生と話（はな）す

お話（はなし）をきく

話話話話話話話話話話話話話

13かく

ちゅうい！

「話」の 読みかた。

「話す」の ときは 「はなす」

「お話」の ときは 「おはなし」

読みかたが ちがうね。

23ページ

丸

てん 丸

はねる　はらう　まげる

読みかた

ガン

まる・まるい・まるめる

つかいかた

一丸（いちがん）・丸（まる）をつける

丸（まる）い石・ゆきを丸（まる）める

丸丸丸

3かく

23ページ

声

さむらい 声

すこしながく　はらう

読みかた

セイ・（ショウ）

こえ・（こわ）

つかいかた

音声（おんせい）・名声（めいせい）・大声（おおごえ）

声（こえ）を出す

声声声声声声声

7かく

読みかえの かん字

ページ	かん字	ことば
20ページ	木（こ）	木（こ）かげ
22	読（ドク）	音読（おんどく）
25	花（カ）	花（か）だん
25	虫（チュウ）	こん虫（ちゅう）
25	中（ジュウ）	一日中（いちにちじゅう）
25	空（あ）	空（あ）きばこ
25	光（ひかり・コウ）	日光（にっこう）　まぶしい光（ひかり）
25	小（お）	小川（おがわ）
25	上（ジョウ）	上下（じょうげ）
25	下（ゲ）	上下（じょうげ）
25	上（のぼる）	かいだんを上（のぼ）る

ものしりメモ　「風」には、あたたかい　風や　つめたい　風、つよい　風、そよ風、しお風など　いろいろな　ものが　あるね。みんなは、どんな　風を　しって　いるかな？

お話を 音読しよう

れんしゅうのワーク 風の ゆうびんやさん かん字を つかおう1

教科書 上 14～25ページ
こたえ 1ページ
べんきょうした日　月　日

1 あたらしい かん字を よみましょう。

① 14ページ つよい 風（　）が あたる。
② 元気（　）に くらす。
③ はがきを 読（　）みなおす。
④ おかあさんが 言（　）う。
⑤ 木（　）かげを くぐる。
⑥ ぎんいろに 光（　）る。

⑦ お話（　）を きく。
⑧ 音読（　）する。
⑨ 丸（　）や てんを かく。
⑩ 声（　）に 出す。
⑪ 25ページ 花（　）だんに なえを うえる。
⑫ こん虫（　）を しらべる。

⑬ 一日中（　） あそぶ。
⑭ 空（　）きばこを つかう。
⑮ まぶしい 光（　）。
⑯ 日光（　）が さしこむ。
⑰ 小川（　）を ながめる。
⑱ 上下（　）に うごく。

⑲ かいだんを（上る。）

2 あたらしい かん字を かきましょう。〔　〕は、ひらがなも かきましょう。

① 14ページ □（かぜ）が ふく。

② □□（げんき）が よい。

③ 本を〔　　〕（よみ）なおす。

④ いけんを〔　　〕（いう）。

⑤ □（こ）かげで 休む。

⑥ ほしが〔　　〕（ひかる）。

⑦ たくさん □（はなし）を する。

⑧ □□（おんどく）の れんしゅう。

⑨ ノートに □（まる）を かく。

⑩ おおきな □（こえ）。

⑪ 25ページ □（か）だんに たねを まく。

⑫ こん □（ちゅう）の ずかん。

⑬ □□□（いちにちじゅう） あつい。

⑭ くつの〔　　〕（あき）ばこ。

⑮ あかるい □（ひかり）。

⑯ □□（にっこう）が あたる。

⑰ きれいな □□（おがわ）。

⑱ ねだんが □□（じょうげ）する。

⑲ さかみちを 〔のぼる〕。

3 かん字で かきましょう。（〰は、ひらがなも かきましょう。ふとい 字は、この かいで ならった かん字を つかった ことばです。）

① こかげに かぜが ふく。

② おおきい こえで よむ。

③ せんせいの おはなし。

4 かん字を つかおう

一年せいで ならった かん字を かきましょう。〔 〕は、ひらがなも かきましょう。

① □（はな）が さく。

② ふとい □（たけ）。

③ □（いと）でんわの □（おと）。

④ □（いし）の うえの □（むし）。

⑤ □（くさ）が はえる。

⑥ トンネルに 〔はいる〕。

⑦ □（なか）から かおを だす。

⑧ そとに 〔でる〕。

はたらく 人に 話を 聞こう

きほんのワーク

としょかんへ 行こう／かん字の 書き方 はたらく 人に 話を 聞こう

教科書 上26～37ページ

べんきょうした日 月 日

◆「読み方」の 赤い 字は 教科書で つかわれて いる 読みです。●は まちがえやすい かん字です。

としょかんへ 行こう

行（26ページ） ぎょう 行

読み方：コウ・ギョウ・(アン)／いく・ゆく／おこなう

つかい方：りょ行・三行目／学校に行く・会を行う

6画

分（26ページ） かたな 分

読み方：ブン・フン・ブ／わける・わかれる／わかる・わかつ

つかい方：自分・二分・五分五分／食べものを分ける／いみが分かる

4画

ちゅうい！

「分」の かたち。

「人」では なく 「八」

「力」では なく 「刀」

「刀」(かたな)で 「八」(きりわける)と いう いみが あるよ。

かん字の 書き方

記●（29ページ） ごんべん 記

読み方：キ／しるす

つかい方：記ろく・日記／名前を記す

10画

ちゅうい！

「記」の かたち。

○ 記　× 記

「己」の ぶぶんは、「己己己」と 三かいで 書くよ。

「己」を 「巳」に しないよ。

書（32ページ） ひらび 書

読み方：ショ／かく

つかい方：読書・書名／書き方・字を書く

10画

32ページ

方

方 ほう

まっすぐ
はらう
はねる

読み方
ホウ
かた

つかい方
方角（ほうがく）・地方（ちほう）
書き方（かた）・夕方（ゆうがた）

4画

方 方方方

「方」の ひつじゅん。
「方」は、
「方方方方」と 書くよ。
三かく目に 気を つけて 書こう。

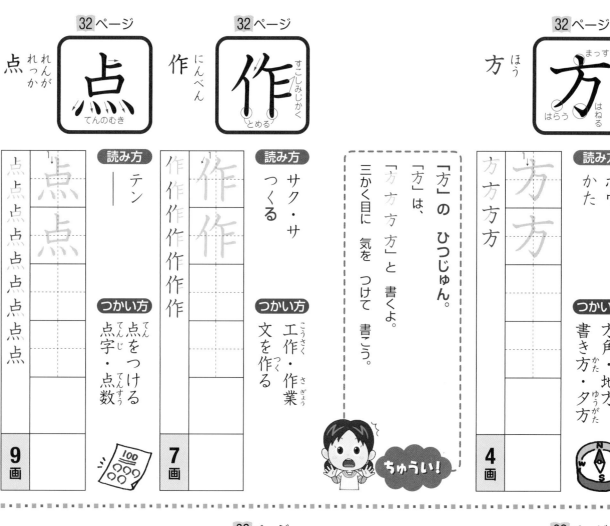

32ページ

作

作 にんべん

すこしみじかく
とめる

読み方
サク・サ
つくる

つかい方
工作（こうさく）・作業（さぎょう）
文を作（つく）る

7画

作 作作作作作作

32ページ

点

点 れんが れっか

てんのむき

読み方
テン
—

つかい方
点（てん）をつける
点字（てんじ）・点数（てんすう）

9画

点 点点点点点点点点

32ページ

線

線 いとへん

はらう
はらう
とめる
はねる

読み方
セン
—

つかい方
線（せん）を引（ひ）く
直線（ちょくせん）・点線（てんせん）

15画

線 線線線線線線線線線線線線線線

「線」の かたち。
線
「糸」＋「白」＋「水」と
おぼえよう。

32ページ

画

画 た

つき出さない
かく

読み方
ガ・カク
—

つかい方
画家（がか）・画用紙（がようし）
かん字の画（かく）・画数（かくすう）

8画

画 画画画画画画画画

「画」の ひつじゅん。
「画」は、
「画画画画画画画画」と 書くよ。
「画」の ぶぶんに 気を つけて 書こう。

はたらく 人に 話を 聞こう

33ページ

数

あける　はらう　すこし出す　とめる

数　のぶん　ぼくにょう

読み方
スウ・（ス）
かず・かぞえる

つかい方
画数（かくすう）・数字（すうじ）
数（かず）を数（かぞ）える

13画

かん字の いみ
「数」の いみ。
数
①かず。かぞえる。 れい 数字
②いくつかの かず。 れい 数人（すうにん）
などの いみが あるよ。

34ページ

聞

つき出さない　とめる　はねる

聞　みみ

読み方
ブン・（モン）
きく・きこえる

つかい方
新聞（しんぶん）・話を聞（き）く
声が聞（き）こえる

14画

二かいずつ 書いて れんしゅうしよう
画の数
聞く

35ページ

何

出す　はねる

何　にんべん

読み方
（カ）
なに・なん

つかい方
何（なに）か・何（なに）を話すか
何（なん）の音ですか・何人（なんにん）

7画

ちゅうい！
「何」の ひつじゅん。
「何 何 何 何 何 何 何」と 書くよ。
「可」の ぶぶんは、
「一」（よこぼう）→「口」（口を 書いて）→
「亅」（たてぼう）の じゅんで 書くよ。

35ページ

考

ながくはらう　ながく　はねる

考　おいかんむり

読み方
コウ
かんがえる

つかい方
思考（しこう）・さん考（こう）
文を考（かんが）える

6画

読みかえの かん字
33ページ
書（ショ）
読書（どくしょ）

ものしりメモ 「考」の 六画目は、一かいで 書こう。「かんがえる」を かん字と ひらがなで 書く とき、「考える」と 書くよ。

れんしゅうのワーク　としょかんへ　行こう／かん字の　書き方　はたらく　人に　話を　聞こう

教科書　上26～37ページ

こたえ　1ページ

べんきょうした日　月　日

1　あたらしい　かん字を　読みましょう。

① 26ページ　としょかんへ　行（　）く。

② なかまに　分（　）ける。

③ だい名を　記（　）ろくする。

④ 32ページ　かん字を　書（　）く。

⑤ カタカナの　かき　方（　）。

⑥ ことばを　作（　）る。

⑦ 点（　）を　うつ。

⑧ 線（　）を　ひく。

⑨ かん字の　画（　）。

⑩ 数（　）を　かぞえる。

⑪ 読書（　）を　する。

⑫ 34ページ　話を　聞（　）く。

⑬ 何（　）を　するか　きめる。

⑭ しつもんを　考（　）える。

⑮ 日記（　）を　つける。

2　あたらしい　かん字を　かきましょう。〔　〕は、ひらがなも　かきましょう。

① 26ページ 学校へ［いく］。

② 四つに［わける］。

③ ［き］ろくを かく。

④ 32ページ 名まえを［かく］。

⑤ ノートの かき［かた］。

⑥ りょうりを［つくる］。

⑦ 二つの［てん］を むすぶ。

⑧ 白い［せん］の うちがわ。

⑨ 三つの［かく］で かく 字。

⑩ コップの［かず］。

⑪ しずかに［どくしょ］する。

⑫ 34ページ せつめいを［きく］。

⑬ ［なに］を 話すか きめる。

⑭ みんなで［かんがえる］。

⑮ なつ休みの［にっき］。

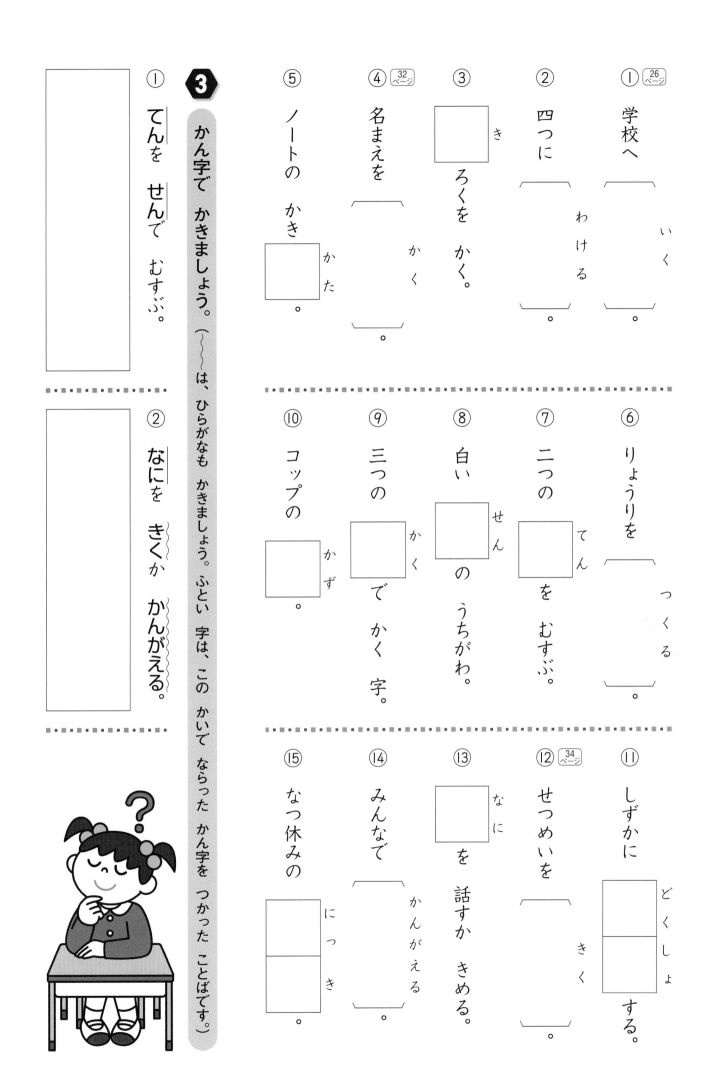

3 かん字で かきましょう。（〰は、ひらがなも かきましょう。ふとい 字は、この かいで ならった かん字を つかった ことばです。）

① てんを せんで むすぶ。

② なにを きくか かんがえる。

きほんのワーク

たんぽぽ かん字を つかおう2

教科書(きょうかしょ) 上 38～49ページ

べんきょうした日 月 日

◆「読み方」の 赤い 字は 教科書で つかわれて いる 読みです。●は まちがえやすい かん字です。

たんぽぽ

夜（42ページ） 夜 ゆうべ た
（まっすぐ・はらう）

読み方：ヤ／よ・よる

つかい方：夜食(やしょく)・今夜(こんや)／夜空(よぞら)・夜(よる)になる

8画

間（42ページ） 間 もんがまえ
（とめる・はねる）

読み方：カン・ケン／あいだ・ま

つかい方：時間(じかん)・人間(にんげん)／休みの間(あいだ)・谷間(たにま)

12画

多（43ページ） 多 ゆうべ た
（はらう・下を大きく）

読み方：タ／おおい

つかい方：多少(たしょう)・多数(たすう)／多(おお)いもの・雨が多(おお)い

6画

少（43ページ） 少 しょう
（はらう・はねる・とめる・ながくはらう）

読み方：ショウ／すくない・すこし

つかい方：少数(しょうすう)・少年(しょうねん)／人数が少(すく)ない・少(すこ)し

4画

毛（44ページ） 毛 け
（ながく・まげる・はねる）

読み方：モウ／け

つかい方：毛(もう)ふ・毛(もう)ひつ／わた毛(げ)・毛糸(けいと)・毛玉(けだま)

4画

当（44ページ） 当 しょう
（つき出さない）

読み方：トウ／あたる・あてる

つかい方：当日(とうじつ)・当番(とうばん)／風が当(あ)たる

6画

かん字を つかおう2

時 46ページ

時　ひへん

（ながく・はねる）

読み方
ジ
とき

つかい方
時間(じかん)・三時(さんじ)
時(とき)が すぎる

10画

活 48ページ

活　さんずい

（つける）

読み方
カツ
―

つかい方
生活科(せいかつか)・活気(かっき)・活用(かつよう)

9画

科 48ページ

科　のぎへん

（みじかくとめる・つき出す・とめる）

読み方
カ
―

つかい方
生活科(せいかつか)・科学(かがく)
教科(きょうか)・教科書(きょうかしょ)

9画

「科」の かたち。
右がわの 点は 二つだよ。つき出る よこぼうにも ちゅういしよう。
書きじゅんにも 気を つけてね。

来 49ページ

来　き

（ながく・はらう・とめる・はらう）

読み方
ライ
くる
(きたる)(きたす)

つかい方
来月(らいげつ)・来週(らいしゅう)・来年(らいねん)
人が 来(く)る

7画

読み方に ちゅうい。
「来る」の ときは 「くる」、「来ない」の ときは 「こない」、「来た」の ときは 「きた」と 読むよ。
読み方が かわるので ちゅういしよう。

門 49ページ

門　もん

（とめる・はねる）

読み方
モン
(かど)

つかい方
正門(せいもん)・校門(こうもん)
入場門(にゅうじょうもん)

8画

読みかえの かん字

43ページ	46	49
数 かぞえる	間 カン	文 モン
数(かぞ)える	時間(じかん)	文字(もじ・もんじ)

49	49
正 ショウ・セイ	女 ジョ
正月(しょうがつ)・正門(せいもん)	女子(じょし)

49	49
男 ダン	間 ケン
男子(だんし)	人間(にんげん)

ものしりメモ
「多い」は、「おおい」と 読むよ。「おうい」では ないので 気を つけようね。
はんたいの いみの ことばは、「少ない」だよ。

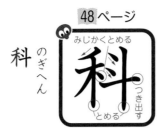

れんしゅうのワーク たんぽぽ かん字を つかおう2

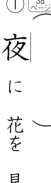

教科書 上38～49ページ

こたえ 1ページ

べんきょうした日 月 日

1 あたらしい かん字を 読みましょう。

① 38ページ 夜（　）に 花を 見る。

② 夕方までの 間（　）。

③ 花を 数（　）える。

④ かずが 多（　）い。

⑤ のこりが 少（　）ない。

⑥ わた 毛（　）が ひらく。

⑦ 風が 当（　）たる。

⑧ 時間（　）が 分かる。

⑨ 生活科（　）で まなぶ。

⑩ 49ページ おとうとが 来（　）る。

⑪ 来月（　）の よてい。

⑫ うつくしい 文字（　）。

⑬ 正月（　）の よういを する。

⑭ 正門（　）から 入る。

⑮ 女子（　）の ともだち。

⑯ 男子（　）に 本を かす。

⑰ 人間（　）の からだ。

⑱ 毛糸（　）の セーター。

2 あたらしい かん字を 書きましょう。〔　〕は、ひらがなも 書きましょう。

38ページ

① □（よる）に 雨が ふる。

② パンの □（あいだ）に はさむ。

③ 百まで 〔　　（かぞえる）〕。

④ みどりが 〔　　（おおい）〕。

⑤ 川の 水が 〔　　（すくない）〕。

⑥ たんぽぽの わた □（げ）。

⑦ 光が 〔　　（あたる）〕。

49ページ

⑧ □□（じかん）が かかる。

⑨ □□□（せいかつか）。

⑩ ともだちが 〔　　（くる）〕。

⑪ □□（らいげつ）の カレンダー。

⑫ □□（もじ）を 書く。

⑬ □□（しょうがつ）の あそび。

⑭ 学校の □□（せいもん）。

⑮ □□（じょし）の チーム。

⑯ □□（だんし）に 話を 聞く。

⑰ □□（にんげん）と どうぶつ。

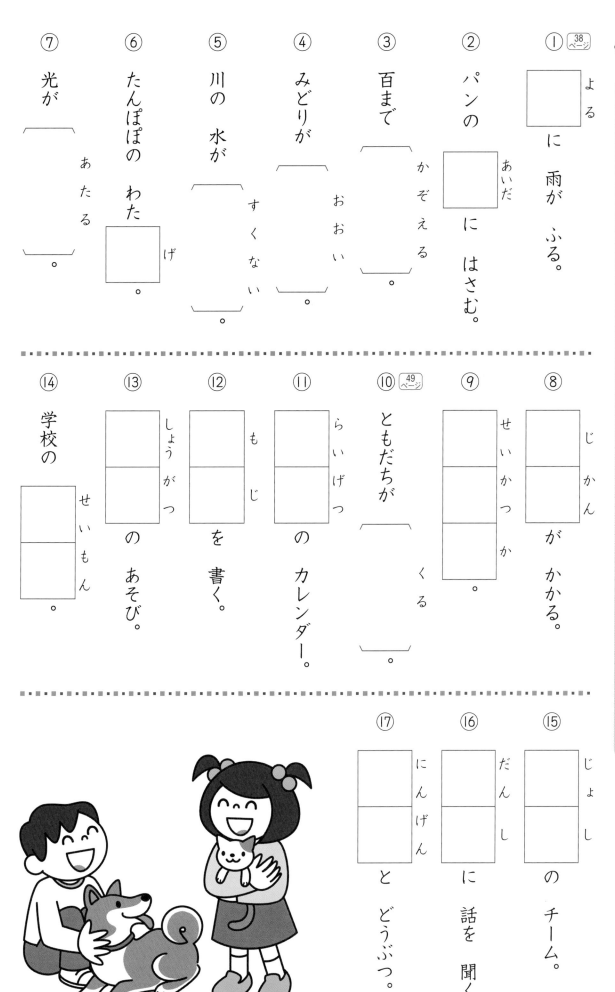

3 かんじで 書きましょう。（〜〜は、ひらがなも 書きましょう。ふとい じは、この かいで ならった かんじを つかった ことばです。）

① よるに かぜが ふく。

□

② さらの かずを かぞえる。

□

③ かみの けが おおい。

□

④ はれの ひが すくない。

□

⑤ にっこうが あたる。

□

⑥ おんがくの じかん。

□

4 かんじを つかおう 一ねんせいで ならった かんじを 書きましょう。〔 〕は、ひらがなも 書きましょう。

① □□（がっこう）に かよう。

② □□（にねん）一くみ。

③ かん□（じ）を 書く。

④ 〔　　〕（ただしい） こたえ。

⑤ □（ぶん）しょうを 読む。

⑥ □□（せんせい）に ならう。

⑦ □（な）まえを たしかめる。

きほんのワーク

かんさつした ことを 書こう かたかなで 書く ことば

◆「読み方」の 赤い 字は 教科書で つかわれて いる 読みです。
（マーク）は まちがえやすい かん字です。

教科書（きょうかしょ） 上 50～55ページ

べんきょうした日　月　日

かんさつした ことを 書こう／かたかなで 書く ことば

50ページ

回　くにがまえ　（さいごにかく）

回回回回回回

読み方
カイ・（エ）
まわる・まわす

つかい方
何回（なんかい）・回数（かいすう）・一回（いっかい）
みの回（まわ）り・見回（みまわ）す

6画

でき方

「回」の でき方。
→ 回
くるくる 回る ようすを あらわす かたちから できた かん字だよ。

51ページ

高　たかい　（まっすぐ・とめる・はねる）

高高高高高高高高高高

読み方
コウ
たかい・たか
たかまる・たかめる

つかい方
高原（こうげん）・高（たか）さ・高（たか）い山
売上高（うりあげだか）・人気が高（たか）まる

10画

51ページ

黄　き　（ながく・つき出す）

黄黄黄黄黄黄黄黄黄黄黄

読み方
（コウ）・オウ
き・（こ）

つかい方
黄金（おうごん）・黄土色（おうどいろ）
黄色（きいろ）・黄身（きみ）

11画

ちゅうい！

「黄」の かたち。
○ 黄
× 黄
まん中の ぶぶんは 「田」では なく、「由」と 書くよ。
気を つけようね。

51ページ

色　いろ　（はねる・まげる）

色色色色色色

読み方
ショク・シキ
いろ

つかい方
原色（げんしょく）・色紙（しきし）（いろがみ）
黄色（きいろ）・色（いろ）をつける

6画

54ページ

外

ゆうべ
た

つき出さない
とめる

読み方

ガイ・(ゲ)
そと・ほか
はずす・はずれる

つかい方

外国（がいこく）・校外（こうがい）・家の外（そと）
とけいを外（はず）す

外外外外外

5画

「外」の かたち。
かたかなの「ト」に にた かたち。
かたかなの「タ」に にた かたち。
「タチツテトに 出よう」と おぼえよう。

おぼえよう！

54ページ

国

くにがまえ

わすれない
ながく

読み方

コク
くに

つかい方

外国（がいこく）・天国（てんごく）
となりの国（くに）

国国国国国国国国

8画

「国」の ひつじゅん。
「国国国国国」と 書くよ。
「玉」を 書いてから、さいごに
下の よこぼうを 書こう。

ちゅうい！

54ページ

地

つちへん

ながく
はねる
まげる

読み方

チ・ジ
—

つかい方

地名（ちめい）・地図（ちず）
大地（だいち）・地（じ）めん

地地地地地地

6画

54ページ

前

りっとう

とめる
はねる

読み方

ゼン
まえ

つかい方

前半（ぜんはん）・午前（ごぜん）
名前（なまえ）・学校の前（まえ）

前前前前前前前前前

9画

とくべつな 読み方

55ページ 一人	ひとり
55 二人	ふたり
55 大人	おとな

二回ずつ 書いて れんしゅうしよう

外国　名前

ものしりメモ
「一人」、「二人」、「大人」などは 二つの かん字が くみあわさって 一つの ことばに なって いるよ。とくべつな 読み方だから ちゅういしてね。

れんしゅうのワーク

かんさつした ことを 書こう
かたかなで 書く ことば

教科書 ㊤50～55ページ

こたえ 2ページ

べんきょうした日 月 日

1 あたらしい かん字を 読みましょう。

① 50ページ みの（　）回りを かたづける。

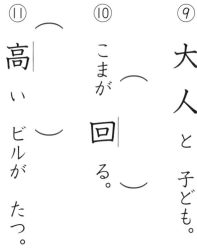

② せの（　）高さ。

③ （　）黄色の 糸。

④ 54ページ （　）外国の しろ。

⑤ （　）地名を 書く。

⑥ あい手の（　）名前。

⑦ （　）一人で 行く。

⑧ （　）二人きょうだい。

⑨ （　）大人と 子ども。

⑩ こまが（　）回る。

⑪ （　）高い ビルが たつ。

2 あたらしい かん字を 書きましょう。〔　〕は、ひらがなも 書きましょう。

① 50ページ みの〔まわり〕の もの。

② ビルの〔たかさ〕。

③ □□（きいろ）の シャツ。

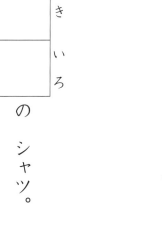

④ 54ページ （がいこく）に 行く。

⑤ （ちめい）を しらべる。

⑥ （なまえ）を 書く。

⑦ （ひとり）で 本を 読む。

⑧ （ふたり）で あそぶ。

⑨ （おとな）が つきそう。

⑩ くるりと （まわる）。

⑪ （たかい）木を きる。

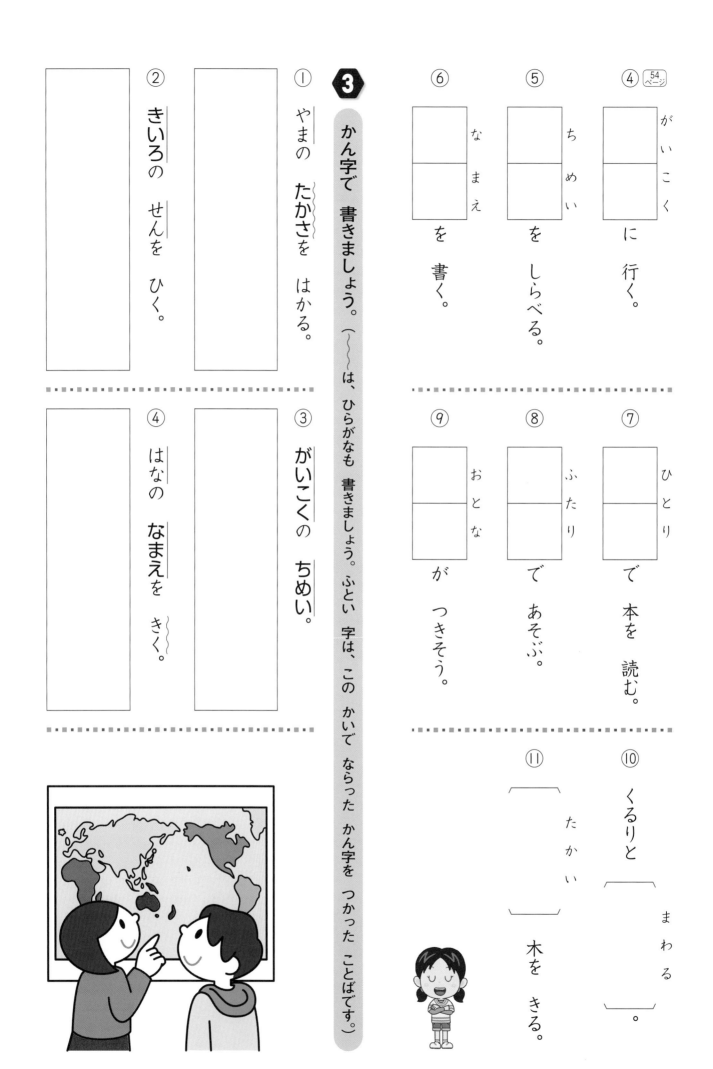

3 かん字で 書きましょう。（〰〰は、ひらがなも 書きましょう。ふとい 字は、この かいで ならった かん字を つかった ことばです。）

① やまの たかさを はかる。

② きいろの せんを ひく。

③ がいこくの ちめい。

④ はなの なまえを きく。

きほんのワーク

名前を 見て ちょうだい

教科書(きょうかしょ) 上56～72ページ

べんきょうした日　月　日

名前を 見て ちょうだい

◆「読み方」の 赤い 字は 教科書で つかわれて いる 読みです。●は まちがえやすい かん字です。

野（59ページ）

さとへん

わすれない　はねる

11画

読み方
ヤ
の

つかい方
野草(やそう)・野鳥(やちょう)
野原(のはら)・野山(のやま)

原（59ページ）

がんだれ

とめる　はらう　はねる

10画

読み方
ゲン
はら

つかい方
草原(そうげん)(くさはら)・高原(こうげん)
野原(のはら)・原(はら)っぱ

ちゅうい！

「原」の かたち。

原　わすれない　はねる

頭（60ページ）

おおがい

はらう　とめる

16画

読み方
トウ・ズ・(ト)
あたま・(かしら)

つかい方
先頭(せんとう)・頭上(ずじょう)
頭(あたま)が いたい

答（60ページ）

たけかんむり

つける　はらう

12画

読み方
トウ
こたえる・こたえ

つかい方
回答(かいとう)・答(とう)あん用紙(ようし)
答(こた)える・答(こた)えを書く

ちゅうい！

「答」の かたち。

答　「⺮」＋「合」だよ。

「⺮」の さいごの 一画は はねないよ。

牛

62ページ

牛 うし

牛（つき出す・ながく）

読み方
ギュウ
うし

つかい方
牛肉（ぎゅうにく）・牛（ぎゅう）にゅう
牛（うし）をかう

4画

牛牛牛牛

場

70ページ

場 つちへん

場（ながく・はねる）

読み方
ジョウ
ば

つかい方
工場（こうじょう／こうば）・入場（にゅうじょう）
場（ば）めん

12画

場場場場場場場場場場場場

ちゅうい！

「場」の かたち。
八画目は よこに ながく。
十画目は はねる。
九、十一、十二画目は はらう。

二回ずつ 書いて れんしゅうしよう

牛の頭
場めん

会

70ページ

会 ひとやね

会（つける・はらう・ながく・とめる）

読み方
カイ・（エ）
あう

つかい方
会話（かいわ）・うんどう会（かい）
人に会（あ）う

6画

会会会会会会

思

71ページ

思 こころ

思（とめる・まげる・はねる）

読み方
シ
おもう

つかい方
思考（しこう）・意思（いし）
いいと思（おも）う・思（おも）い出す

9画

思思思思思思思思思

でき方

「思」の でき方。
「田」は、頭の かたち、「心」は、こころ。
頭と こころで、よく 考える ことを
あらわすよ。

読みかえの かん字

ページ	かん字	れい
59ページ	方（ホウ）	野原の方（ほう）
61	当（トウ）	本当（ほんとう）
65	下（おろす）	見下（みお）ろす
65	間（ま）	あっという間（ま）
67	気（ケ）	湯気（ゆげ）
68	空（クウ）	空気（くうき）
68	風（フウ）	風（ふう）せん
69	元（もと）	元（もと）の大きさ

ものしりメモ 「牛」は 「つのが つき出た 牛」を えがいて つくった 字だよ。「牛」の 四画目は 上に しっかり つき出して 書こう。

すきな　場めんを　見つけよう

れんしゅうのワーク　名前を　見て　ちょうだい

教科書　㊤56～72ページ　答え　2ページ

べんきょうした日　月　日

1 あたらしい　かん字を　読みましょう。

56ページ

①　野原（　　）で　あそぶ。

②　むこうの　方（　　）へ　いく。

③　きつねの　頭（　　）。

④　すまして　答（　　）える。

⑤　本当（　　）に　見える。

⑥　牛（　　）が　一ぴき　いる。

⑦　人を　見下（　　）ろす。

⑧　あっという　間（　　）に　たべる。

⑨　湯（ゆ）気（　　）が　出る。

⑩　空気（　　）が　もれる。

⑪　風（　　）せんが　しぼむ。

⑫　元（　　）の　大きさに　なる。

⑬　お話の　場（　　）めん。

⑭　人に　会（　　）う。

⑮　すきだと　思（　　）う。

2 あたらしい かん字を 書きましょう。〔 〕は、ひらがなも 書きましょう。

56ページ

① □□（のはら）を かけ回る。

② むこうの □（ほう）へ とぶ。

③ □（あたま）を ゆびさす。

④ しつもんに 〔　　　〕（こたえる）。

⑤ □□（ほんとう）の こと。

⑥ □（うし）が はしり出す。

⑦ 大男が 〔　　　〕（みおろす）。

⑧ あっという □（ま）に おわる。

⑨ 湯（ゆ）□（げ）で くもる。

⑩ □□（くうき）を 入れる。

⑪ □（ふう）せんを もらう。

⑫ □（もと）に もどる。

⑬ □（ば）めんごとに 読む。

⑭ ばったり 〔　　　〕（あう）。

⑮ たのしいと 〔　　　〕（おもう）。

3 かん字で 書きましょう。（〜〜は、ひらがなも 書きましょう。ふとい 字は、この かいで ならった かん字を つかった ことばです。）

① **のはら**の **ほう**へ いく。

② **うし**の **あたま**を みる。

③ はなしの **ば**めんを わける。

きほんのワーク

かん字を つかおう3

教科書 上73ページ

べんきょうした日　月　日

◆「読み方」の 赤い 字は 教科書で つかわれて いる 読みです。●は まちがえやすい かん字です。

かん字を つかおう3

今（73ページ） ひとやね　今

つける　はらう　はらう　よこにかく

読み方：コン・（キン）　いま

つかい方：今週（こんしゅう）・今夜（こんや）　今（いま）とむかし

4画

社（73ページ） しめすへん　社

あける　とめる　ながく

読み方：シャ　やしろ

つかい方：会社（かいしゃ）・社会（しゃかい）　ふるい社（やしろ）

7画

二回ずつ 書いて れんしゅうしよう

今から　会社

親（73ページ） みる　親

まっすぐ　みじかくとめる　はねる　とめる　まげる

読み方：シン　おや・したしい　したしむ

つかい方：親友（しんゆう）・親子（おやこ）・母親（ははおや）　親（した）しい人・友（とも）と親（した）しむ

16画

「親」の かたち。

親

「木の そばに 立って 子どもを 見て いる 人」と おぼえよう。

友（73ページ） また　友

ながく　はらう

読み方：ユウ　とも

つかい方：友人（ゆうじん）・親友（しんゆう）　元気な友（とも）

4画

73ページ

明　ひへん

明（小さく／はらう／はねる）

読み方

メイ・ミョウ
あかり・あかるい・あかるむ
あからむ・あきらか・あける
あく・あくる・あかす

つかい方

せつ明(めい)・明朝(みょうちょう)・月明(あ)かり
明(あか)るい色・空が明(あか)らむ
明らかにする・明(あ)くる日

明明明明明明明明

8画

おぼえよう!

「明」の かたち。

明

「日」＋「月」だよ。
「日」や「月」の 光が てらして
「明(あか)るい」と おぼえよう。

73ページ

計　ごんべん

計（ながく）

読み方

ケイ
はかる・はからう

つかい方

計算(けいさん)・計画(けいかく)
時間を計(はか)る

計計計計計計計計計

9画

でき方

「計」の でき方。

言＋十

「言」(ことば)と「十」(数)。
数を 読み上げ、数える ことを
あらわすよ。

73ページ

算　たけかんむり

算（ながく／はらう／とめる）

読み方

サン
―

つかい方

計算(けいさん)・算数(さんすう)・足(た)し算(ざん)

算算算算算算算算算算算算算算

14画

ちゅうい!

「算」の かたち。

算

ながく 書く。
まっすぐ 下に 書いて とめる。
左なめ下に はらう。

読みかえの かん字

73ページ	73
会(カイ)	見(ケン)
会社(かいしゃ)	見学(けんがく)する

73	73
休(キュウ)	日(ジツ)
休日(きゅうじつ)	

73	
言(ゲン)(こと)	
名言(めいげん)	ひとり言(ごと)

二回ずつ 書いて れんしゅうしよう

明るい

計算

ものしりメモ

「算」は、「竹」の ぼうを そろえて 数える ことから できた かん字だよ。
「算」の かたちにも 気を つけよう。

れんしゅうのワーク

かん字を つかおう3

教科書 上73ページ
答え 2ページ
べんきょうした日 月 日

1 あたらしい かん字を 読みましょう。

① 73ページ 今（　　）から 出かける。

② 会社（　　）に 行く。

③ こうじょうを 見学（　　）する。

④ 親（　　）と むすこ。

⑤ 親（　　）しい 人。

⑥ いい 友（　　）に 出会う。

⑦ 休日（　　）に かいものする。

⑧ 明（　　）るい 光を あびる。

⑨ せつ明文（　　）を 読む。

⑩ こころに のこる 名言（　　）。

⑪ ひとり言（　　）を 言う。

⑫ おつりの 計算（　　）。

2 あたらしい かん字を 書きましょう。〔　〕は、ひらがなも 書きましょう。

① 73ページ □（いま）から かえる。

② □□（かいしゃ）で はたらく。

③ みなとを □□（けんがく）する。

④ □（おや）を たいせつに する。

⑤ 〔　　〕（したしい） なかま。

⑥ □（とも）が できる。

⑦ □□（きゅうじつ）の よてい。

⑧ へやが 〔　　〕（あかるい）。

⑨ せつ□□（めいぶん）を 書く。

⑩ □□（めいげん）を まなぶ。

⑪ ひとり□（ごと）を つぶやく。

⑫ むずかしい □□（けいさん）。

3 かん字を つかおう

一年生で ならった かん字を 書きましょう。〔　〕は、ひらがなも 書きましょう。

① □（て）を つかむ。

② □（くち）を あける。

③ □（ちから）を 入れる。

④ □（あし）を うごかす。

⑤ 下を 〔　　〕（みる）。

⑥ □（みみ）に 当てる。

⑦ □（かい）を ひろう。

⑧ □（め）を ふさぐ。

⑨ □（みぎ）の 方に 立つ。

⑩ □（ひだり）に すすむ。

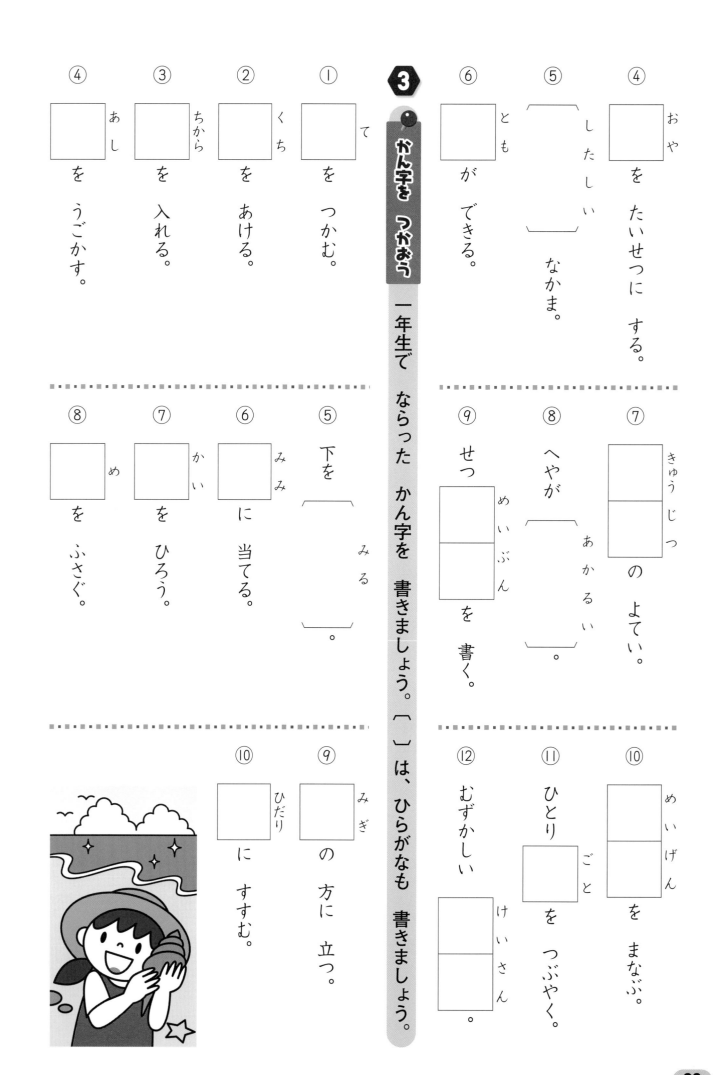

二つの 文しょうを くらべよう

きほんのワーク

じゅんじょ／こんな ことを して いるよ
話そう、二年生の わたし／どうぶつ園（えん）の かんばんと ガイドブック

教科書（きょうかしょ） 上 74〜96ページ

べんきょうした日　月　日

◆「読み方」の 赤い 字は 教科書で つかわれて いる 読みです。
◆ は まちがえやすい かん字です。

じゅんじょ／こんな ことを して いるよ

組（76ページ）　いとへん　組

はらう　とめる　つき出す

11画

読み方：ソ　くむ・くみ

つかい方：組（そ）しき・組（く）み立（た）て・うでを組（く）む・二人組（ふたりぐみ）

家（76ページ）　うかんむり　家

まっすぐ　はねる　はらう　とめる　はねる

10画

読み方：カ・ケ　いえ・や

つかい方：家（か）ぞく・家来（けらい）・家（いえ）に帰（かえ）る・あき家（や）

「家」の ひつじゅん。

「家」は、

「家家家家家家家家家家」

と 書くよ。

ここに ちゅうい

自（78ページ）　みずから　自

6画

読み方：ジ・シ　みずから

つかい方：自分（じぶん）・自然（しぜん）・自（みずか）らうごく

かたちの にている かん字。
白　百　自
よこ画の 数や 書く 場しょを
よく 見て 書こう。

話そう、二年生の わたし

心（82ページ）　こころ　心

とめる　まげる　はねる

4画

読み方：シン　こころ

つかい方：中心（ちゅうしん）・用心（ようじん）・やさしい心（こころ）

83ページ

教

教　のぶん　ぼくにょう

教（はねる　はらう）

読み方
キョウ
おしえる・おそわる

つかいかた
教科書（きょうかしょ）・字を教（おし）える
字を教（おそ）わる

教 教 教 教 教 教 教 教 教 教 教

11画

ちゅうい！
「教」の 読み方。
「教える」の ときは 「おしえる」、
「教わる」の ときは 「おそわる」と 読むよ。
「教」は 「数」と かたちが にて いる
ことにも 気を つけよう。

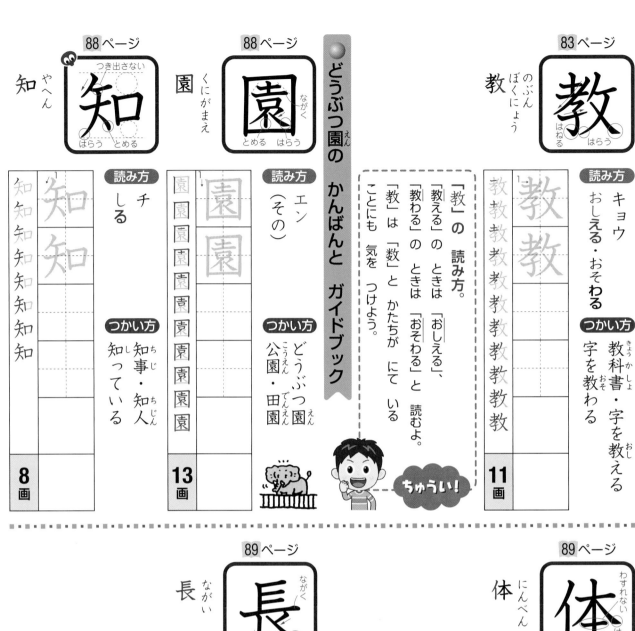

どうぶつ園（えん）の かんばんと ガイドブック

88ページ

園

園　くにがまえ

園（ながく　とめる　はらう）

読み方
エン
（その）

つかい方
どうぶつ園（えん）
公園（こうえん）・田園（でんえん）

園 園 園 園 園 園 園 園 園 園 園 園 園

13画

88ページ

知

知　やへん

知（つき出さない　はらう　とめる）

読み方
チ
しる

つかい方
知事（ちじ）・知人（ちじん）
知（し）っている

知 知 知 知 知 知 知 知

8画

89ページ

体

体　にんべん

体（わすれない　はらう　とめる）

読み方
タイ・（テイ）
からだ

つかい方
体力（たいりょく）・体（たい）そう
体（からだ）をうごかす

体 体 体 体 体 体 体

7画

ちゅうい！
かたちの にて いる かん字。
体（からだ）　れい 体を うごかす。
休（やすむ）　れい 学校を 休む。

89ページ

長

長　ながい

長（ながく　はらう）

読み方
チョウ
ながい

つかい方
長文（ちょうぶん）・長方形（ちょうほうけい）
長（なが）さ・長（なが）い川

長 長 長 長 長 長 長 長

8画

ちゅうい！
「長」の ひつじゅん。
長
「長」の 一画目は、たてぼうだよ。
よこぼうから 書かないように
ちゅういしてね。

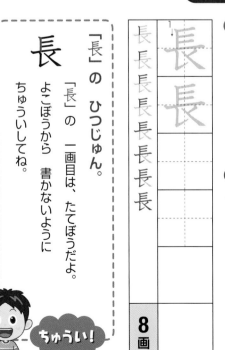

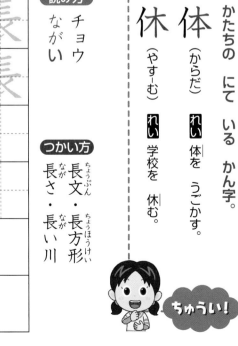

太

89ページ

太 だい

太（わすれない・はらう）

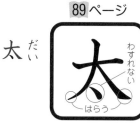

読み方
タイ・タ
ふとい・ふとる

つかい方
太陽（たいよう）・丸太（まるた）
太（ふと）い木・犬が太（ふと）る

太 太 太 太

4画

ちゅうい！
かたちの にて いる かん字。
大 犬 太
点を つける 場しょを よく 見て 書こう。

肉

93ページ

肉 にく

肉（つき出す・とめる・とめる・はねる）

読み方
ニク
—

つかい方
きん肉（にく）・ぶた肉（にく）
やき肉（にく）

肉 肉 肉 肉 肉 肉

6画

かん字の いみ
肉
「肉」の いみ。
①にく。 れい 牛肉 肉しょく
②人の体。 れい 肉体
などの いみが あるよ。

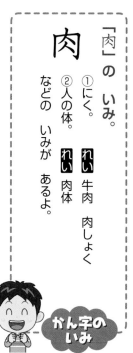

同

94ページ

同 くち

同（とめる・はねる）

読み方
ドウ
おなじ

つかい方
同点（どうてん）・合同（ごうどう）
同（おな）じ本

同 同 同 同 同 同

6画

でき方
「同」の でき方。
「同」は 四かくい いたに あなを あけた かたちを あらわして いるよ。三画目の よこ ぼうを わすれないでね。

読みかえの かん字

ページ	かん字	れい
74ページ	生（なま）	生（なま）たまご
78	分（ブン）	自分（じぶん）
80	行（ギョウ）	行（ぎょう）をかえる
90	草（ソウ）	草原（そうげん）
90	原（ゲン）	草原（そうげん）
90	森（シン）	森林（しんりん）
90	林（リン）	森林（しんりん）
93	下（さげる）	下（さ）げる

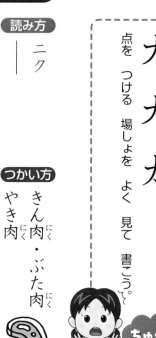

二回ずつ 書いて れんしゅうしよう

長さ

太い

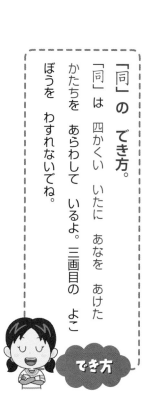

ものしりメモ 「知」＝「矢（や）」＋「口」と おぼえよう。「知」には、「しる」、「ちえ」、「しらせる」、「しりあい」、「おさめる」などの いみが あるよ。

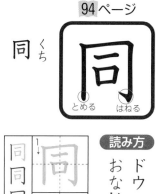

れんしゅうのワーク

じゅんじょ／こんな　ことを　して　いるよ
話そう、二年生の　わたし／どうぶつ園の　かんばんと　ガイドブック

教科書　上74〜96ページ
答え　2ページ

べんきょうした日　　月　　日

1　あたらしい　かん字を　読みましょう。

①［74ページ］　生（　）たまごを　わる。

②［76ページ］　組（　）み立てを　考える。

③　家（　）で　して　いる　こと。

④　自分（　）の　気もちを　言う。

⑤　行（　）を　かえる。

⑥［82ページ］　心（　）に　のこる　話。

⑦　やり方を　教（　）える。

⑧［86ページ］　どうぶつ　園（　）の　本。

⑨　たくさん　知（　）りたい。

⑩　体（　）が　大きい。

⑪　長（　）さを　はかる。

⑫　太（　）い　あしを　もつ。

⑬　アフリカの　草原（　）に　いる。

⑭　森林（　）に　すむ。

⑮　おんどを　下（　）げる。

⑯　きん　肉（　）を　つける。

⑰　同（　）じ　ところを　くらべる。

⑱　うでを　組（　）む。

⑲ 名前を 知る。（　　）

⑳ 長い ひも。（　　）

2 あたらしい かん字を 書きましょう。〔　〕は、ひらがなも 書きましょう。

① 74ページ □（なま）たまごを たべる。

② 76ページ 話の〔　　〕（くみ）立て。

③ □（いえ）に かえる。

④ □□（じぶん）で 考える。

⑤ つぎの □（ぎょう）に 書く。

⑥ 82ページ □（こころ）を こめて 作る。

⑦ いみを〔　　〕（おしえる）。

⑧ 86ページ どうぶつ □（えん）に いく。

⑨ くわしく〔　　〕（しる）。

⑩ どうぶつの □（からだ）。

⑪ テープの〔　　〕（ながさ）。

⑫ 〔　　〕（ふとい）木の えだ。

⑬ □□（そうげん）を はしる。

⑭ □□（しんりん）を まもる。

⑮ ねだんを〔　　〕（さげる）。

⑯ きん □（にく）を きたえる。

⑰ 〔　　〕（おなじ）大きさ。

夏休み まとめのテスト

教科書 上14～96ページ
答え 2ページ

時間 20ぷん

とく点 　/100点

べんきょうした日 　月　日

1

――線の かん字の よみかたを 書きましょう。 一つ2（24点）

① 元気（　　）な 声（　　）で あいさつする。

② ほしの 数（　　）が とても 多（　　）い。

③ 外国（　　）の 町の 名前（　　）を しらべる。

④ 二人（　　）で 野原（　　）を あるく。

⑤ 友（　　）と 計算（　　）の れんしゅうを する。

⑥ 自分（　　）で 組（　　）み立てを する。

2

□に かん字を 書きましょう。（〔　〕は かん字と ひらがなを 書きましょう。） 一つ2（24点）

① □（かぜ）が ふく。

② 書き□（かた）。

③ 文を〔　　〕（つくる）。

④ □（よる）に なる。

⑤ 雨が〔　　〕（すくない）。

⑥ 日に〔　　〕（あたる）。

⑦ □□（きいろ）の ペン。

⑧ うさぎの □（あたま）。

⑨ □（ば）めんが かわる。

⑩ 人に〔　　〕（あう）。

⑪ □（いえ）に かえる。

⑫ どうぶつ□（えん）。

3 つぎの かん字の 赤い ところは 何画目に 書きますか。（ ）に 数字で 書きましょう。 一つ2（4点）

① 光（　　）画目　② 長（　　）画目

4 つぎの ことばと はんたいの いみに なるように、□に かん字を 書きましょう。 一つ3（12点）

① 子 ↔ □
② 行く ↔ □る
③ ひくい ↔ □い
④ むかし ↔ □

5 同じ ぶぶんの ある かん字に 気を つけて、□に かん字を 書きましょう。 一つ3（12点）

① □（もん）の そばで 音を □（き）く。
② むかし□（ばなし）を □（よ）む。

6 つぎの かん字の ――線の よみかたを 書きましょう。 一つ3（18点）

① 間
ア 木と 木の 間。（　　）
イ あっという間の こと。（　　）
ウ 時間を まもる。（　　）
エ 人間と ロボット。（　　）

② 行
ア 学校へ 行く。（　　）
イ 行を かえて 書く。（　　）

7 ――線の ことばを、かん字と ひらがなで 書きましょう。 一つ2（6点）

① くるくる まわる。
② いみを かんがえる。
③ すこしずつ わける。

きほんのワーク

みんなで　話し合おう／ニャーゴ

教科書 上 112〜130ページ

べんきょうした日　月　日

◆「読み方」の　赤い　字は　教科書で　つかわれて　いる　読みです。●は　まちがえやすい　かん字です。

合（112ページ）　くち　合　6画
読み方：ゴウ・ガッ・カッ　あう・あわす・あわせる
つかい方：合同・合しょう・合戦　話し合う・答えが合う

楽（114ページ）　き　楽　13画
読み方：ガク・ラク　たのしい・たのしむ
つかい方：音楽・楽園　楽しい夏休み

ちゅうい！

「楽」の　ひつじゅん。

「楽」は、「泊」の　ぶぶんに　気を　つけてね。 

「泊泊泊泊泊泊泊」と　書くよ。

はじめに　「白」を　書こう。

雪（115ページ）　あめかんむり　雪　11画
読み方：セツ　ゆき
つかい方：新雪・雪原　雪だるま

顔（120ページ）　おおがい　顔　18画
読み方：ガン　かお
つかい方：顔面　顔を赤らめる

食（120ページ）　しょく　食　9画
読み方：ショク・（ジキ）　くう・（くらう）　たべる
つかい方：朝食・めしを食う　ごはんを食べる

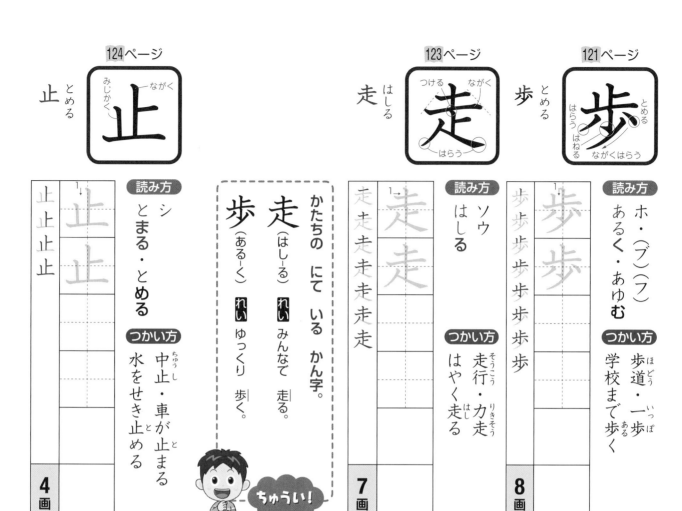

121ページ

歩　とめる

とめる　はらう　はねる　ながくはらう

読み方
ホ・(ブ)(フ)
あるく・あゆむ

つかい方
歩道(ほどう)・一歩(いっぽ)
学校まで歩く(ある)く

8画

123ページ

走　はしる

つける　ながく　はらう

読み方
ソウ
はしる

つかい方
走行(そうこう)・力走(りきそう)
はやく走(はし)る

7画

かたちの　にて　いる　かん字。
走(はしーる)　れい　みんなで　走る。
歩(あるーく)　れい　ゆっくり　歩く。

124ページ

止　とめる

みじかく　ながく

読み方
シ
とまる・とめる

つかい方
中止(ちゅうし)・車が止(と)まる
水をせき止(と)める

4画

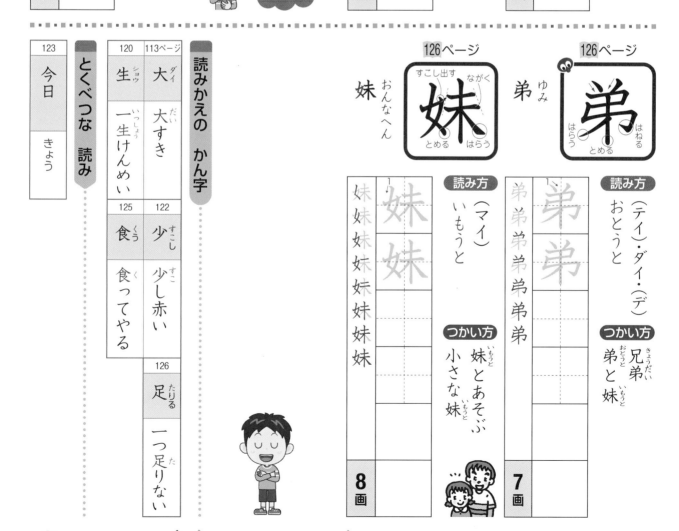

126ページ

弟　ゆみ

はらう　とめる　はねる

読み方
(テイ)・ダイ・(デ)
おとうと

つかい方
兄弟(きょうだい)
弟(おとうと)と妹(いもうと)

7画

126ページ

妹　おんなへん

すこし出す　ながく　とめる　はらう

読み方
(マイ)
いもうと

つかい方
妹(いもうと)とあそぶ
小さな妹(いもうと)

8画

読みかえの　かん字

ページ	かん字	れい
113ページ	大(ダイ)	大(だい)すき
120	生(ショウ)	一生(いっしょう)けんめい
122	少(すこし)	少(すこ)し赤い
125	食(くう)	食(く)ってやる
126	足(たりる)	一つ足(た)りない

とくべつな　読み

ページ	かん字	読み
123	今日	きょう

ものしりメモ　「合(あ)う」は　「答えが　合う」、「会(あ)う」は　「友だちと　会う」などと　いうように　つかうよ。同じ　読み方を　する　かん字に　気を　つけよう。

そうぞうを　ふくらませて　読もう

れんしゅうのワーク

みんなで　話し合おう
ニャーゴ

教科書 ㊤112～130ページ
答え 3ページ

べんきょうした日　　月　　日

1 あたらしい　かん字を　読みましょう。

① 112ページ クラスで　話し　合（　　）う。

② 大（　　）すきな　場めん。

③ 楽（　　）しいと　思う。

④ 雪（　　）だるまを　作る。

⑤ 118ページ 顔（　　）を　見る。

⑥ すぐに　食（　　）べる。

⑦ 一生（　　）けんめい　聞く。

⑧ 子ねずみが　歩（　　）きだす。

⑨ 少（　　）し　顔が　赤い。

⑩ 今日（　　）は　ついて　いる。

⑪ 木の　方へ　走（　　）る。

⑫ ぴたっと　止（　　）まる。

⑬ えものを　食（　　）う。

⑭ 弟（　　）に　わたす。

⑮ 妹（　　）が　いる。

⑯ 一つ　足（　　）りない。

⑰ いけんを　出し　合（　　）う。

⑱ ゆっくり　歩（　　）く。

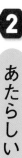

2 あたらしい かん字を 書きましょう。〔 〕は、ひらがなも 書きましょう。

① 112ページ 五人で 話し〔あう〕。

② ぼくの □(だい) すきな うた。

③ 〔たのしい〕 お話。

④ 大きな □(ゆき) だるま。

⑤ 118ページ □(かお) を あらう。

⑥ パンを 〔たべる〕。

⑦ □□(いっしょう) けんめい 話す。

⑧ ねこが 〔あるく〕。

⑨ 〔すこし〕 休む。

⑩ □□(きょう) の できごと。

⑪ うまが 〔はしる〕。

⑫ うごきが 〔とまる〕。

⑬ さかなを 〔くう〕。

⑭ □(おとうと) と あそぶ。

⑮ かわいい □(いもうと)。

⑯ 三つでは 〔たり〕 ない。

⑰ 考えを 出し 〔あう〕。

きほんのワーク

かん字を つかおう4 絵(え)を 見て お話を 書こう

教科書 上 131〜139ページ

べんきょうした日　月　日

◆「読み方」の 赤い 字は 教科書で つかわれて いる 読みです。 ●は まちがえやすい かん字です。

かん字を つかおう4

万 131ページ
（つき出さない・はらう・はねる）
いち万

読み方：マン・(バン)／―

つかい方：一万円(いちまんえん)・十万人(じゅうまんにん)
万年筆(まんねんひつ)

3画
万 万 万

切 131ページ
（つき出さない・まげる・はねる）
かたな 切

読み方：セツ・(サイ)／きる・きれる

つかい方：大切(たいせつ)・親切(しんせつ)
紙(かみ)を 切(き)る

4画
切 切 切 切

「切」の でき方。
七＋刀
たて よこに 切りつける ようすを あらわす 「七」と 「刀」(かたな)を 合わせた かん字だよ。
＊「刀(かたな)」は これから ならうよ。

でき方

才 131ページ
（はらう・すこし出す・はねる）
て 才

読み方：サイ／―

つかい方：天才(てんさい)・才(さい)のう・多才(たさい)

3画
才 才 才

「才」の かたち。
才
かたかなの 「オ」と 同じに ならないよう、「才」の 「ノ」は、たて画より 少し 右に 出して 書こう。

ちゅうい！

語 131ページ
（ながく）
ごんべん 語

読み方：ゴ／かたる・かたらう

つかい方：外国語(がいこくご)・国語(こくご)・日本語(にほんご)
子どもに 語(かた)る

14画
語 語 語 語 語 語 語 語 語 語 語 語 語 語

絵を 見て お話を 書こう

131ページ

台

台 くち

読み方 ダイ・タイ

つかい方 台（だい）の上・台紙（だいし）・三台（さんだい）
台風（たいふう）・ぶ台（たい）

5画

おぼえよう!

「口」の つく かん字。
「口」の つく かん字には、「名」「右」「合」
「台」などが あるよ。

134ページ

絵

絵 いとへん

読み方 カイ・エ

つかい方 絵画（かいが）・絵（え）をかく
絵本（えほん）・絵日記（えにっき）

12画

でき方

「絵」の でき方。
「糸」と、「よせあつめる」と いう いみの 「会」から できた かん字だよ。
糸を 合わせた ししゅうから、「え」を あらわすように なったんだ。

糸＋会

134ページ

広

広 まだれ

読み方 コウ
ひろい・ひろまる
ひろめる・ひろがる
ひろげる

つかい方 広大（こうだい）・広（ひろ）いみち
話を広（ひろ）める・よこに広（ひろ）がる
手を広（ひろ）げる

5画

136ページ

図

図 くにがまえ

読み方 ズ・ト
（はかる）

つかい方 地図（ちず）・図（ず）をかく
図書館（としょかん）

7画

ちゅうい!

「図」の かたち。
「図」は 「国」と かたちが にて いるね。
どちらも 「囗」を 書いてから、うちがわの
「ヌ」や 「玉」を 書くよ。

読みかえの かん字

131ページ 計（はかる）	時間を計（はか）る
131 野（ヤ）	野（や）さい
131 雨（ウ）	雨天（うてん）
131 天（あま）	天（あま）の川
131 太（タ）	丸太（まるた）

ものしりメモ 「万」と 「方」は、かたちが にて いるね。上に たて画が つくのが 「方」、つかない のが 「万」だよ。まちがえないように 気を つけよう。

れんしゅうのワーク かん字を つかおう4 絵を 見て お話を 書こう

教科書 ㊤131～139ページ
答え 3ページ

べんきょうした日 月 日

1 あたらしい かん字を 読みましょう。

① 131ページ 一万（　）えんさつで はらう。

② 時間を 計（　）る。

③ すきな 野（　）さい。

④ 親を 大切（　）に する。

⑤ 音がくの 天才（　）。

⑥ 雨天（　）でも おこなう。

⑦ 天（　）の川を 見上げる。

⑧ 外国語（　）を まなぶ。

⑨ 丸太（　）を ならべる。

⑩ 台（　）に おく。

⑪ 134ページ 絵（　）を 見る。

⑫ そうぞうを 広（　）げる。

⑬ 地図（　）を もつ。

⑭ なつ休みの 絵日記（　）。

⑮ 広（　）い 野原。

2 あたらしい かん字を 書きましょう。〔 〕は、ひらがなも 書きましょう。

①（131ページ） □□（いちまん）えんさつ。

② タイムを〔　　（はかる）　　〕。

③ □（や）さいを 食べる。

④ □□（たいせつ）に つかう。

⑤ はつめいの □□（てんさい）。

⑥ □□（うてん）が つづく。

⑦ □（あま）の川が 見える。

⑧ □□□（がいこくご）の ほん。

⑨ □□（まるた）を きる。

⑩ □（だい）の 上に のる。

⑪（134ページ） きつねの □（え）を かく。

⑫ ハンカチを〔　　（ひろげる）　　〕。

⑬ □□（ちず）を 見る。

3 かん字を つかおう

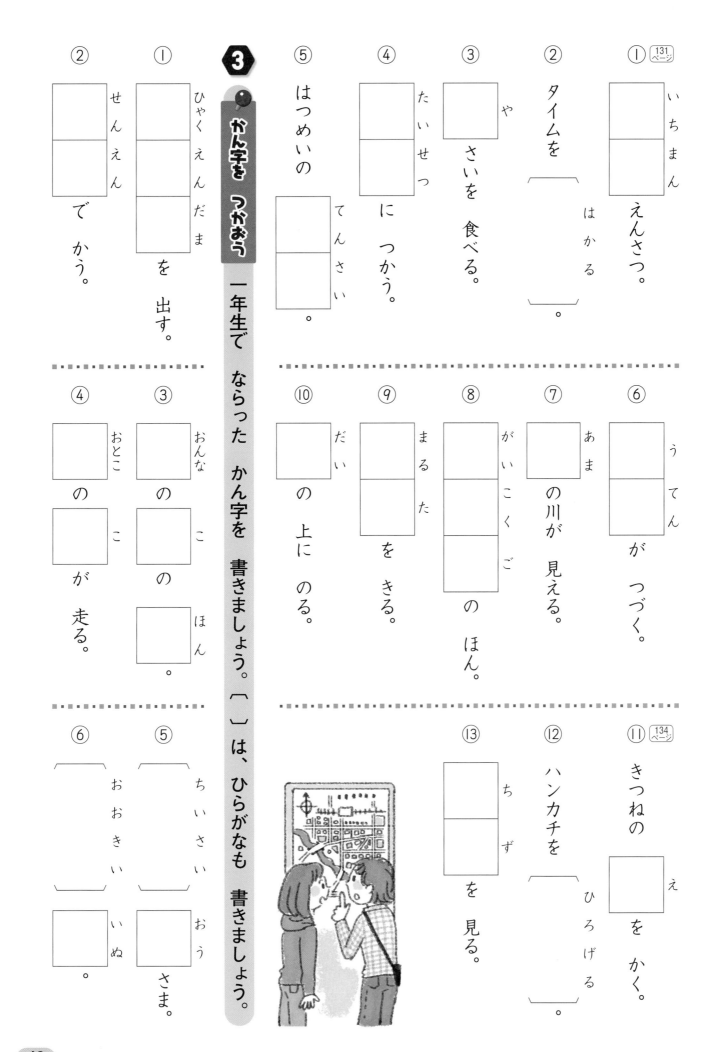

一年生で ならった かん字を 書きましょう。〔　〕は、ひらがなも 書きましょう。

① □□□（ひゃくえんだま）を 出す。

② □□（せんえん）で かう。

③ □（おんな）の □（こ）の □（ほん）。

④ □（おとこ）の □（こ）が 走る。

⑤ 〔　　（ちいさい）　　〕 □（おう）さま。

⑥ 〔　　（おおきい）　　〕 □（いぬ）。

きほんのワーク

ビーバーの　大工事（こうじ）／「どうぶつカード」を　作ろう
主語（しゅご）と　じゅつ語

教科書　下8～31ページ

べんきょうした日　月　日

◆「読み方」の　赤い　字は　教科書で　つかわれて　いる　読みです。（顔マーク）は　まちがえやすい　かん字です。

ビーバーの　大工事

10ページ　工（たくみ・え）
つき出さない／ながく

読み方：コウ・ク

つかい方：工事（こうじ）・工作（こうさく）　大工（だいく）・細工（さいく）

3画

工工工

10ページ　北（ひ）
はねる／まげる

読み方：ホク　きた

つかい方：北西（ほくせい）・南北（なんぼく）　北（きた）アメリカ

5画

北北北北北

「北」の　ひつじゅん。
「北」の　一画目は、「一」では　なく、「こ」だよ。「ヒ」の　「ノ」の　ぶぶんは、右から　左に　はらって　書こう。

11ページ　近（しんにょう・しんにゅう）
一かく／とめる

読み方：キン　ちかい

つかい方：近海（きんかい）・近所（きんじょ）　近（ちか）よる・近（ちか）くの人

7画

近近近近近近近

12ページ　引（ゆみへん）
あける／はねる

読み方：イン　ひく・ひける

つかい方：引用（いんよう）・引力（いんりょく）　引（ひ）きずる・つな引（ひ）き

4画

引引引引

12ページ　後（ぎょうにんべん）
みじかく／ながく／はらう

読み方：ゴ・コウ　のち・うしろ・あと　（おくれる）

つかい方：前後（ぜんご）・後日（ごじつ）・後半（こうはん）　はれ後（のち）くもり・後（うし）ろあし　後（うし）ろをむく・話の後（あと）

9画

後後後後後後後後後

12ページ

形

さんづくり 形

ながく　はらう　とめる

読み方
ケイ・ギョウ
かた・かたち

つかい方
地形（ちけい）・人形（にんぎょう）
手形（てがた）・丸の形（かたち）

7画

形形形形形形形

ちゅうい！
「形」の 形。
右がわの 「彡」は、右上から 左下に むかって はらうよ。
二画目を 長く、四画目は とめるよ。

16ページ

内

けいがまえ　どうがまえ　内

つき出す　はねる　とめる

読み方
ナイ・（ダイ）
うち

つかい方
校内（こうない）・国内（こくない）
内（うち）がわ・内（うち）と外（そと）

4画

内内内内

ちゅうい！
形の にて いる かん字。
内（うち） れい 内と 外。
肉（ニク） れい 肉を やく。

25ページ

海

さんずい 海

はねる　とめる

読み方
カイ
うみ

つかい方
海外（かいがい）・海上（かいじょう）
青（あお）い海（うみ）

9画

海海海海海海海海海

27ページ

新

おのづくり 新

まっすぐ　みじかくとめる　とめる

読み方
シン
あたらしい
あらた・にい

つかい方
新年（しんねん）・新（あたら）しい本
新（あら）たな出会い・新（にい）がた県（けん）

13画

新新新新新新新新新新新新新

ちゅうい！
形の にて いる かん字。
新（あたら-しい） れい 新しい くつ
親（おや） れい 親子

27ページ

強

ゆみへん 強

つける　はねる　とめる

読み方
キョウ・（ゴウ）
つよい・つよまる
つよめる・（しいる）

つかい方
強弱（きょうじゃく）・べん強（きょう）
力が強（つよ）い・風が強（つよ）まる

11画

強強強強強強強強強強強

ものしりメモ 「後ろ」の はんたいの いみの ことばは、「前」だよ。「前後（ぜんご）」で 一つの ことばにも なるよ。

30ページ

鳴 とり

読み方
メイ
なく・なる・ならす

つかい方
悲鳴(ひめい)
鳥(とり)が鳴(な)く・すずが鳴(な)る

14画

かん字の いみ

「鳴く」の いみ。
「鳴く」は、鳥や 虫が なく ときに つかうよ。人が かなしくて なく ときや、うれしくて なく ときには つかわないから 気を つけてね。

30ページ

雲 あめかんむり

読み方
ウン
くも

つかい方
星雲(せいうん)・風雲(ふううん)
雲(くも)が出る・雨雲(あまぐも)

12画

おぼえよう!

「⻗」の つく かん字。
「⻗」は、雨に かんけいの ある かん字に つく ことが 多いよ。
「⻗」の つく かん字…雲 雪 など。

30ページ

晴 ひへん

読み方
セイ
はれる・はらす

つかい方
晴天(せいてん)・晴雨(せいう)
空が晴(は)れる

12画

30ページ

船 ふねへん

読み方
セン
ふね・ふな

つかい方
船長(せんちょう)・風船(ふうせん)
船(ふね)にのる・船(ふな)たび

11画

読みかえの かん字

ページ	かん字	ことば
11ページ	地(ジ)	地(じ)ひびき
11	上(うわ)	上(うわ)あご
11	工(ク)	大工(だいく)
12	切(きる)	切(き)りたおす
14	家(カ)	家(か)ぞく
15	分(フン)	五分間(ごふんかん)
15	夜(よ)	夜中(よなか)
27	図(ト)	図書館(としょかん)

とくべつな 読み

ページ	かん字	読み
12	上手	じょうず

ものしりメモ 「日」+「青」=「晴」と おぼえよう。お日さまと 青い 空で 晴れに なるね。

れんしゅうのワーク

ビーバーの 大工事／「どうぶつカード」を 作ろう
主語と じゅつ語

教科書 下8～31ページ
答え 4ページ

べんきょうした日 月 日

1 新しい かん字を 読みましょう。

8ページ

① 工事（　）を する。

② 北（　）アメリカの 森。

③ 地（　）ひびきを 立てる。

④ 近（　）よって みる。

⑤ 上（　）あごの 歯。

⑥ 大工（　）さんの のみ。

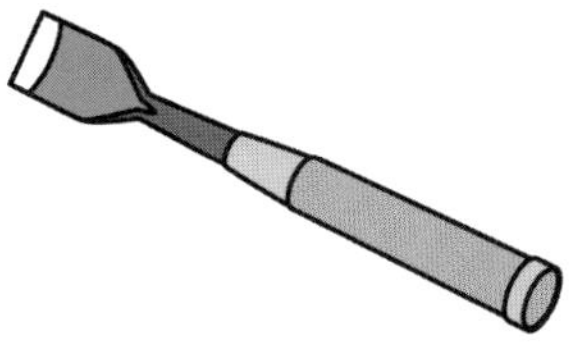

⑦ 木を 切（　）りたおす。

⑧ 川の 方に 引（　）きずる。

⑨ 上手（　）に およぐ。

⑩ 後（　）ろあしで すすむ。

⑪ ビーバーの おの 形（　）。

⑫ ビーバーの 家（　）ぞく。

⑬ 五分間（　）もぐる。

⑭ 夜中（　）まで つづける。

⑮ ダムの 内（　）がわ。

24ページ

⑯ くらい 海（　）。

⑰ 図書館（　）の 本。

⑱ 新（　）しく 分かる。

⑲ 〔　　〕強い あごの 力。

⑳ 30ページ 鳥(とり)が 〔　　〕鳴く。

㉑ 〔　　〕雲が ながれる。

㉒ あしたは 〔　　〕晴れだ。

㉓ 〔　　〕船が みなとを 出る。

㉔ えきまで 〔　　〕近い。

2 あたらしい かん字を かきましょう。〔　〕は、ひらがなも かきましょう。

① 8ページ ダムの □(こう) 事(じ)。

② □(きた) アメリカに むかう。

③ 大きな □(じ) ひびきの 音。

④ えきに 〔　　〕(ちかよる)。

⑤ ビーバーの □(うわ) あご。

⑥ □□(だいく) の しごと。

⑦ かみを 〔　　〕(きる)。

⑧ つなを 〔　　〕(ひく)。

⑨ □□(じょうず) に うたう。

⑩ 〔　　〕(うしろ) あしで ける。

⑪ ほしの □(かたち)。

⑫ □(か) ぞくで 出かける。

⑬ □□□(ごふんかん) 走る。

⑭ □□(よなか) に 雨が ふる。

⑮ はこの □(うち) がわ。

⑯ 24ページ　（うみ）で　およぐ。

⑰ （と）（しょ）館（かん）で　しらべる。

⑱ （あたらしい）車に　のる。

⑲ （つよい）力で　おす。

⑳ 30ページ　虫が　（なく）。

㉑ わたの　ような　（くも）。

㉒ 空が　（はれる）。

㉓ 白い　（ふね）に　のる。

3 かん字で　かきましょう。（～～は、ひらがなも　かきましょう。太い　字は、この　かいで　ならった　かん字を　つかった　ことばです。）

① **としょ**かんが　**ちかい**。

② **だいく**が　**いえ**を　たてる。

③ **まるの**　**かたち**に　**きる**。

④ **うち**がわに　**せん**を　**ひく**。

⑤ **あたらしい**　**ほん**を　**よむ**。

⑥ **つよい**　**かぜ**が　ふく。

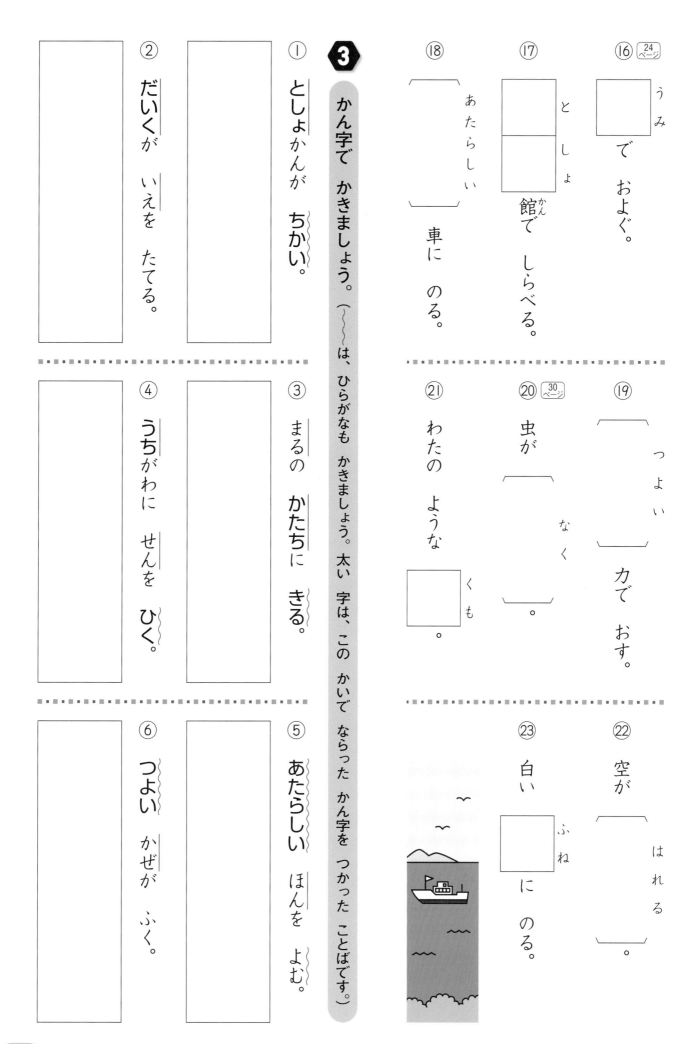

きほんのワーク
町で 見つけた ことを 話そう
かたかなを つかおう1

教科書 下32～39ページ

べんきょうした日　月　日

町で 見つけた ことを 話そう

◆「読み方」の 赤い 字は 教科書で つかわれて いる 読みです。●は まちがえやすい かん字です。

33ページ

店（まだれ）　8画

（まっすぐ・はらう）

読み方：テン、みせ

つかい方：店長（てんちょう）・書店（しょてん）・売店（ばいてん）
店で買う（みせでかう）・夜店（よみせ）

店店店店店店店店

「店」の ひつじゅん。

「店」の 「占」の ぶぶんは 「占 占 占 占 占」と 書くよ。よこぼうを たてぼうより 先に 書かないように しよう。

33ページ

冬（にすい）　5画

（はらう・はらう）

読み方：トウ、ふゆ

つかい方：冬季（とうき）・冬みん（とうみん）
冬休み（ふゆやすみ）

冬冬冬冬冬

35ページ

朝（つき）　12画

（はらう・はねる）

読み方：チョウ、あさ

つかい方：早朝（そうちょう）・朝食（ちょうしょく）
朝が来る（あさがくる）・朝日（あさひ）

朝朝朝朝朝朝朝朝朝朝朝朝

「朝」の いみ。

「朝」は、夜が あけてから すぐの 時間、または おひるまでの 時間の ことだよ。朝ごはんを 食べたり、顔を あらったり、朝に する ことは いろいろ あるね。

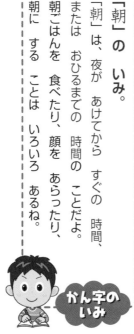

35ページ

週（しんにょう・しんにゅう）　11画

（一かく・はねる・はらう）

読み方：シュウ、―

つかい方：先週（せんしゅう）・毎週（まいしゅう）
来週（らいしゅう）・一週間（いっしゅうかん）

週週週週週週週週週週週

市（はば）　35ページ

市（まっすぐ・とめる・はねる）

読み方
シ
いち

つかい方
市長（しちょう）・都市（とし）・市町村（しちょうそん）
市場（いちば）（しじょう）・朝市（あさいち）

5画

かん字の いみ

「市」の いみ。
「市」を 「いち」と 読む ときは、人が たくさん あつまって ものを うりかいする ことや その うりかいする 場しょの ことを いうよ。

かたかなを つかおう1

茶（くさかんむり）　39ページ

茶（つける・はらう・はらう・とめる・あける）

読み方
チャ・（サ）
——

つかい方
茶色（ちゃいろ）・お茶（ちゃ）
茶（ちゃ）ばたけ

9画

春（ひ）　39ページ

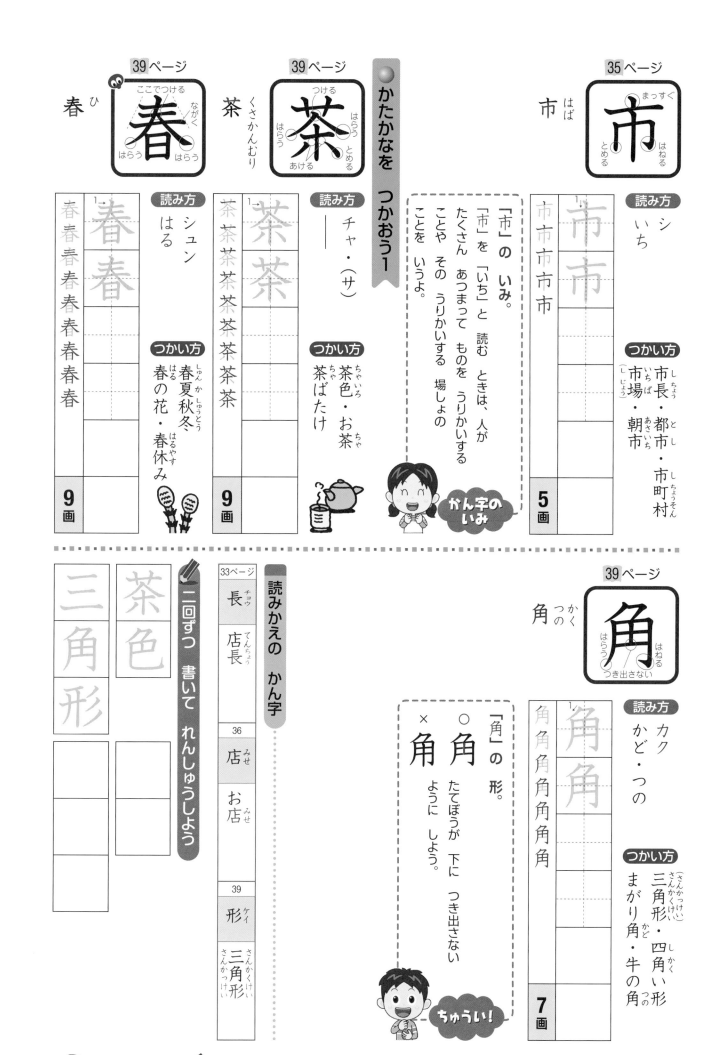

春（ここでつける・ながく・はらう・はらう）

読み方
シュン
はる

つかい方
春夏秋冬（しゅんかしゅうとう）
春（はる）の花・春休み（はるやすみ）

9画

角（つの　かく）　39ページ

角（はらう・はねる・つき出さない）

読み方
カク
かど・つの

つかい方
三角形（さんかっけい）（さんかくけい）・四角（しかく）い形
まがり角（かど）・牛の角（つの）

7画

ちゅうい！

「角」の 形。
○ 角　たてぼうが 下に つき出さない ように しよう。
× 角

読みかえの かん字

33ページ　長（チョウ）	店長（てんちょう）
36　店（みせ）	お店（みせ）
39　形（ケイ）	三角形（さんかくけい）（さんかっけい）

二回ずつ 書いて れんしゅうしよう

茶色

三角形

ものしりメモ　「春」は、「三」＋「人」＋「日」だよ。「三人で　あそぶ　日」と　おぼえよう。

れんしゅうのワーク
町で 見つけた ことを 話そう かたかなを つかおう1

教科書 ㊦32〜39ページ

答え 4ページ

べんきょうした日　月　日

1 あたらしい かん字を 読みましょう。

① 32ページ 花やさんの 店長。（　　　）

② さむい 冬。（　　　）

③ 朝（　　　） 早くから はたらく。

④ 週（　　　） に 三日、出かける。

⑤ 市場（　　　） に むかう。

⑥ お店（　　　） に かえる。

⑦ 39ページ 毛が 茶色（　　　） の 犬。

⑧ 春（　　　） に なる。

⑨ 三角形（　　　） の おにぎり。

⑩ 書店（　　　） で 本を かう。

⑪ 来週（　　　） の よてい。

⑫ 茶（　　　） ばたけが 広がる。

2 あたらしい かん字を 書きましょう。

① 32ページ □□（てんちょう） の あいさつ。

② □（ふゆ） に そなえる。

③ □（あさ） 早く おきる。

④ □（しゅう）に 二かい、ならう。

⑤ □□（いちば）で かう。

⑥ お□（みせ）の 中で まつ。

⑦ 39ページ □□（ちゃいろ）の くつ。

⑧ □（はる）に さく 花。

⑨ □□□（さんかくけい）の パイ。

⑩ □□（らいしゅう）の 水よう日。

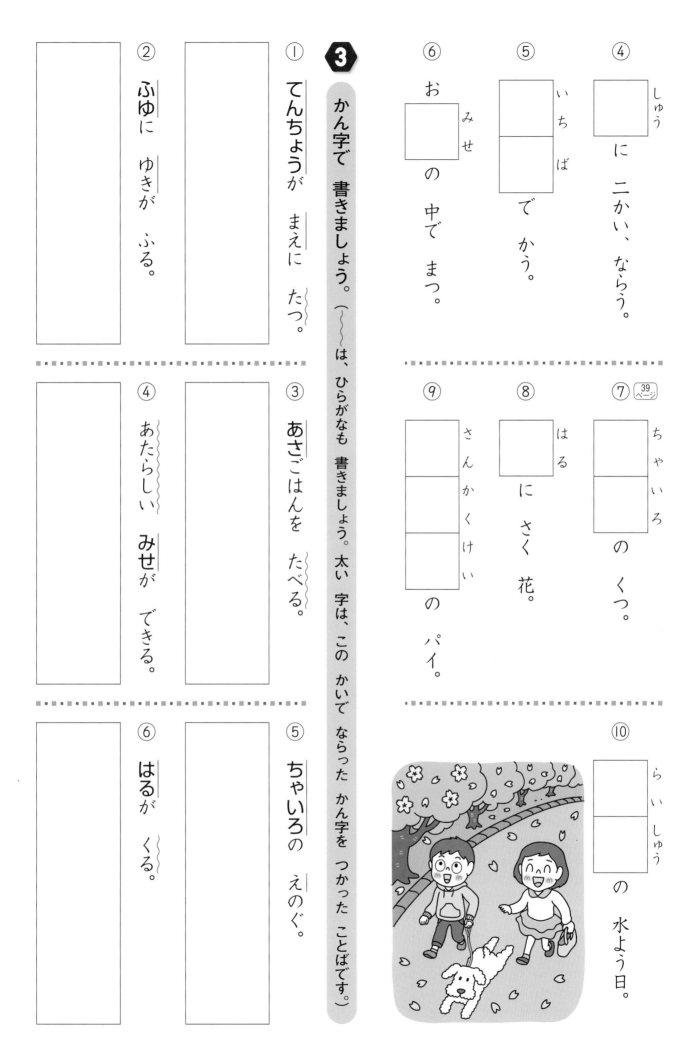

3 かん字で 書きましょう。（〜〜は、ひらがなも 書きましょう。太い 字は、この かいで ならった かん字を つかった ことばです。）

① **てんちょう**が **まえ**に たつ。

② **ふゆ**に **ゆき**が ふる。

③ **あさ**ごはんを たべる。

④ あたらしい **みせ**が できる。

⑤ **ちゃいろ**の **え**のぐ。

⑥ **はる**が くる。

きほんのワーク

なかまに なる ことば 「ありがとう」を つたえよう

教科書 下40～45ページ

べんきょうした日　月　日

◆「読み方」の 赤い 字は 教科書で つかわれて いる 読みです。●は まちがえやすい かん字です。

なかまに なる ことば

40ページ
夏 すいにょう ふゆがしら
夏（すこしながく・つける・はらう）
読み方：カ・（ゲ） なつ
つかい方：春夏秋冬（しゅんかしゅうとう）　夏休み（なつやすみ）
10画

40ページ
秋 のぎへん
秋（みじかくとめる・とめる・はらう）
読み方：シュウ あき
つかい方：秋分の日（しゅうぶんのひ）・春夏秋冬（しゅんかしゅうとう）　秋の空（あきのそら）・秋晴れ（あきばれ）
9画

おぼえよう！
きせつを あらわす かん字。
春 夏 秋 冬
「春夏秋冬（しゅんかしゅうとう）」と いう ことばも あるよ。

40ページ
東 き
東（つき出す・はらう・とめる・はらう）
読み方：トウ ひがし
つかい方：東西南北（とうざいなんぼく）・東京（とうきょう）　東へすすむ（ひがしへすすむ）
8画

40ページ
南 じゅう
南（つき出さない・とめる・はねる）
読み方：ナン・（ナ） みなみ
つかい方：南下（なんか）・東西南北（とうざいなんぼく）　南へすすむ（みなみへすすむ）・南風（みなみかぜ）
9画

二回ずつ 書いて れんしゅうしよう

春夏秋冬
東と南

西

40ページ

西（にし）

西 ［つき出さない／つける／はらう］

読み方
セイ・サイ
にし

つかい方
北西（ほくせい）・東西南北（とうざいなんぼく）
西（にし）へ すすむ・西日（にしび）

西西西西西西

6画

父

40ページ

父（ちち）

父 ［あける／とめる／はらう］

読み方
フ
ちち

つかい方
父母（ふぼ）
父（ちち）と母（はは）・父親（ちちおや）

父父父父

4画

母

40ページ

母（なかれ ははのかん） 母（はは）

母 ［とめる／はねる］

読み方
ボ
はは

つかい方
母子（ぼし）
母（はは）と父・母（はは）の日

母母母母母

5画

「母」の 形。

○ 母　× 毋

中に 二つの 点を 書くよ。
ひつじゅんにも ちゅういしてね。

ちゅうい！

兄

40ページ

兄（ひとあし にんにょう）

兄 ［はねる／はらう／まげる］

読み方
（ケイ）・キョウ
あに

つかい方
兄弟（きょうだい）
兄（あに）と弟

兄兄兄兄兄

5画

姉

40ページ

姉（おんなへん）

姉 ［すこし出す／まっすぐ／はねる／とめる］

読み方
（シ）
あね

つかい方
姉（あね）と妹

姉姉姉姉姉姉姉姉

8画

「姉」の 形。

姉

「女」＋「市」と おぼえよう。
左がわの 三画目は、左から 右上に むかって 書くよ。

おぼえよう！

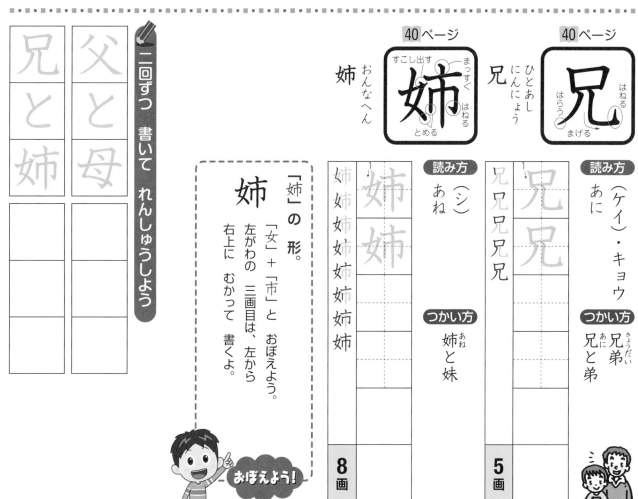

二回ずつ 書いて れんしゅうしよう

父と母　兄と姉

ものしりメモ 「父、母、兄、姉、弟、妹」は 「家族（かぞく）」を あらわす ことばだよ。また、「東、西、南、北」は 「方角」を あらわす ことばだよ。

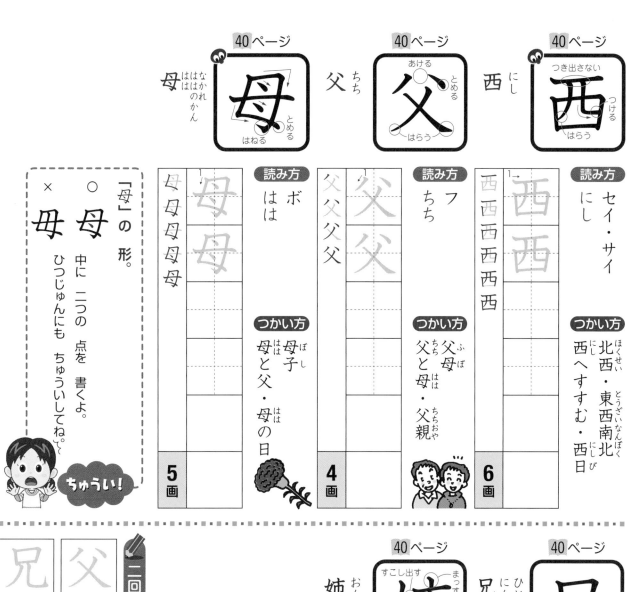

41ページ

昼

ひ

（つける・はらう・はらう・ながく）

読み方

チュウ
ひる

つかい方

昼食（ちゅうしょく）・昼夜（ちゅうや）
昼間（ひるま）

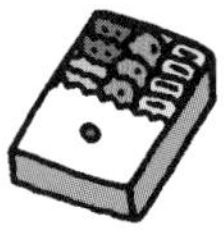

昼昼昼昼昼昼昼昼昼

9画

かん字の いみ

「昼」の いみ。

「昼」は、日の出から　日の入りまでの　時間の　ことだよ。
正午（しょうご）（十二時）を　中しんと　した　数時間も　さして　いるよ。

「ありがとう」を　つたえよう

42ページ

紙

いとへん

（とめる・はらう・とめる・はねる）

読み方

シ
かみ

つかい方

白紙（はくし）・新聞紙（しんぶんし）
手紙（てがみ）・白い紙（かみ）

紙紙紙紙紙紙紙紙紙紙

10画

でき方

「紙」の　でき方。

糸＋氏

「糸」（いと）と「氏」（たいら）。
木から　とり出した　糸の　ようなものに、のりを　まぜて、たいらに　のばして　作る「かみ」の　ことだよ。

43ページ

室

うかんむり

（まっすぐ・はねる・とめる・とめる・ながく）

読み方

シツ
（むろ）

つかい方

ほけん室（しつ）
教室（きょうしつ）・理科室（りかしつ）

室室室室室室室室室

9画

かん字の いみ

「室」の　いみ。

「室」は、「へや」の　いみを　あらわす　かん字だよ。
「室」を　つかった　ことばには、「教室」「理科（りか）室」「地下（ちか）室」「ほけん室」　などが　あるね。

読みかえの　かん字

ページ	かん字	ことば
41ページ	教（キョウ）	教科（きょうか）
41	楽（ガク）	音楽（おんがく）
41	体（タイ）	体いく（たい）
41	北（ホク）	東西南北（とうざいなんぼく）
41	春（シュン）	春夏秋冬（しゅんかしゅうとう）
41	冬（トウ）	春夏秋冬（しゅんかしゅうとう）
41	弟（ダイ）	兄弟（きょうだい）

とくべつな　読み方

ページ	ことば	読み方
41	兄さん	にいさん
41	姉さん	ねえさん
41	母さん	かあさん
41	父さん	とうさん

ものしりメモ　「朝」「昼」「夜」は、時を　あらわす　ことばだよ。ひとまとめに　して　おぼえよう。

「ありがとう」を つたえよう

れんしゅうのワーク

なかまに なる ことば 「ありがとう」を つたえよう

教科書 下40～45ページ

答え 4ページ

べんきょうした日 月 日

1 新しい かん字を 読みましょう。

①（40ページ） 夏（　）の 思い出。

② 秋（　）に なる。

③ 東（　）の 空。

④ 南（　）の しま。

⑤ 西（　）に むかう。

⑥ 父（　）と つりを する。

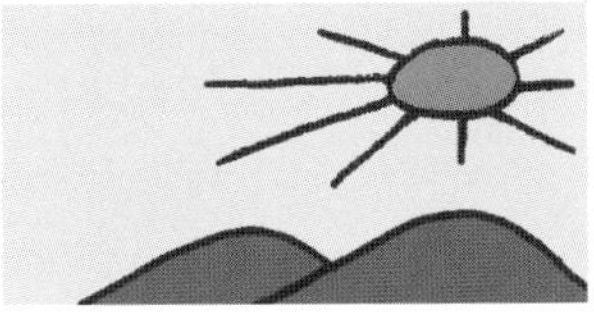

⑦ 母（　）が むかえに 来る。

⑧ 中学生の 兄（　）。

⑨ 姉（　）に 本を かりる。

⑩ 昼（　）から 雨が ふる。

⑪ 学校で ならう 教科（　）。

⑫ 音楽（　）の じゅぎょう。

⑬ 体（　）いくで ダンスを する。

⑭ 東西南北（　）。

⑮ 春夏秋冬（　）。

⑯ 兄弟（　）が いる。

⑰ やさしい 兄さん（　さん）。

⑱ 姉さん（　さん）に たのむ。

⑲（母さん）を よぶ。

⑳（父さん）の 車。

㉑ 42ページ （手紙）を かく。

㉒ ほけん（室）へ いく。

㉓（昼間）に かたづける。

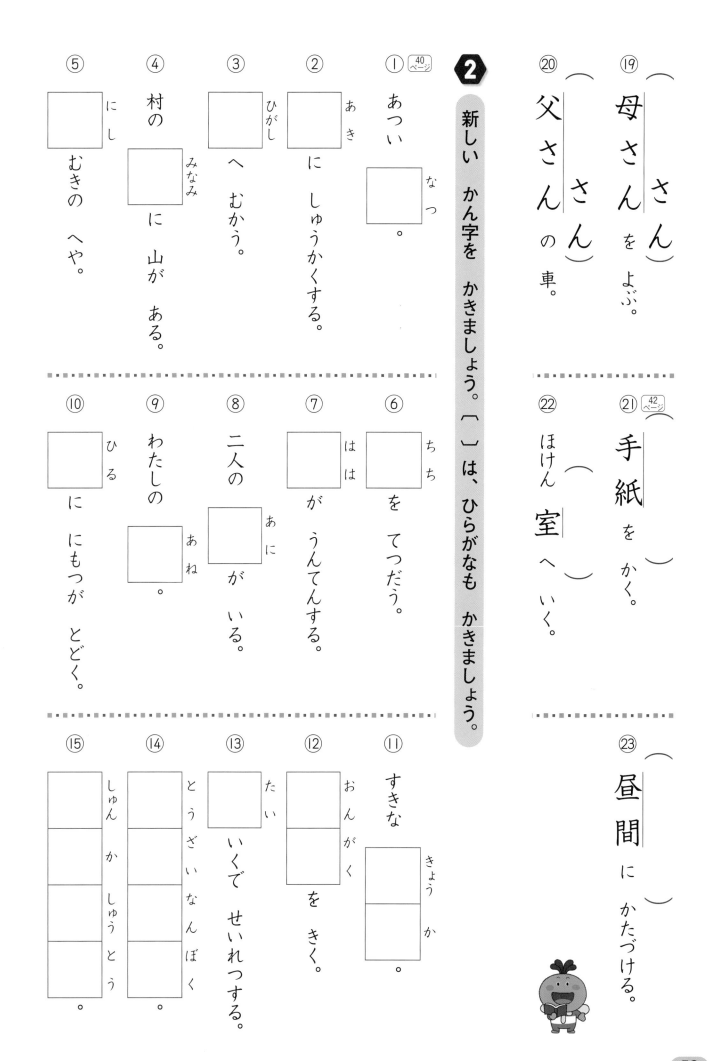

2 新しい かん字を かきましょう。（ ）は、ひらがなも かきましょう。

① 40ページ あつい □（なつ）。

② □（あき）に しゅうかくする。

③ □（ひがし）へ むかう。

④ 村の □（みなみ）に 山が ある。

⑤ □（にし）むきの へや。

⑥ □（ちち）を てつだう。

⑦ □（はは）が うんてんする。

⑧ 二人の □（あに）が いる。

⑨ わたしの □（あね）。

⑩ □（ひる）に にもつが とどく。

⑪ すきな □□（きょうか）。

⑫ □□（おんがく）を きく。

⑬ □（たい）いくで せいれつする。

⑭ □□□□（とうざいなんぼく）。

⑮ □□□□（しゅんかしゅうとう）。

⑯ なかの よい [きょうだい]。

⑰ 〔にいさん〕が おきる。

⑱ 〔ねえさん〕と あそぶ。

⑲ 〔かあさん〕に 聞く。

⑳ 〔とうさん〕と 話す。

㉑ 42ページ [てがみ]を おくる。

㉒ ほけん[しつ]で 休む。

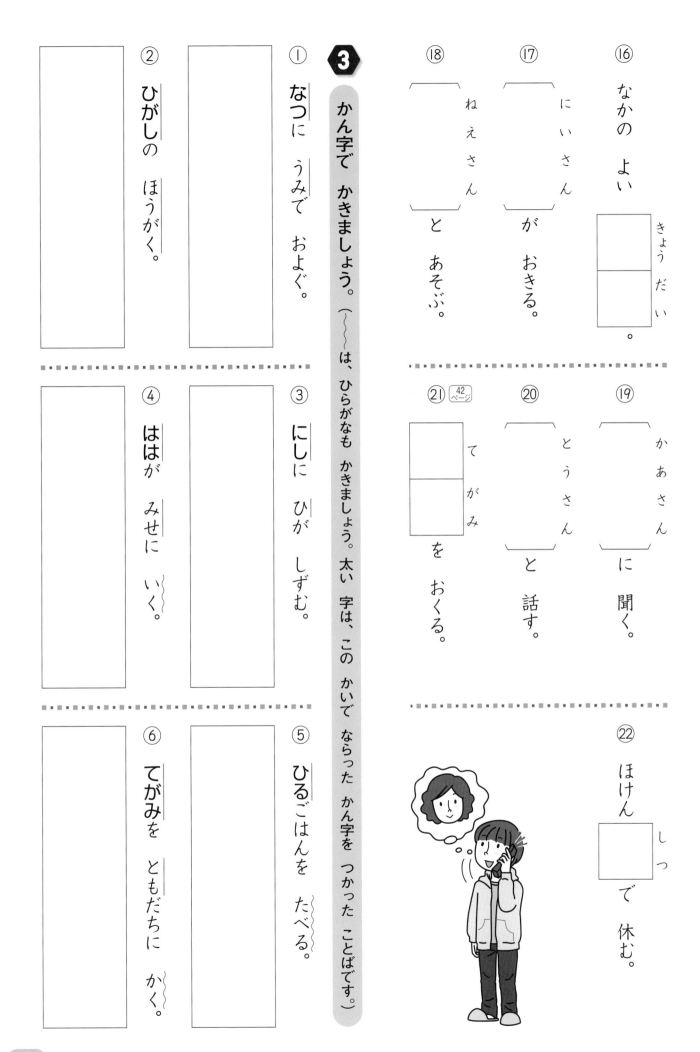

3 かん字で かきましょう。（〜〜は、ひらがなも かきましょう。太い 字は、この かいで ならった かん字を つかった ことばです。）

① **なつ**に **うみ**で およぐ。

② **ひがし**の **ほうがく**。

③ **にし**に **ひ**が しずむ。

④ **はは**が **みせ**に いく。

⑤ **ひる**ごはんを たべる。

⑥ **てがみ**を **とも**だちに かく。

きほんのワーク

かさこじぞう

教科書 下46～62ページ

べんきょうした日　月　日

◆「読み方」の　赤い　字は　教科書で　つかわれて　いる　読みです。●は　まちがえやすい　かん字です。

かさこじぞう

49ページ

売（さむらい）

読み方：バイ　うる・うれる

つかい方：売店（ばいてん）・売買（ばいばい）　本を売（う）る・高く売（う）れる

7画

49ページ

買（かい）

読み方：バイ　かう

つかい方：売買（ばいばい）　本を買（か）う・買（か）いもの

12画

おぼえよう！
はんたいの　いみの　ことば。
買う←→売る
ものの　売り買いの　ことを「売買（ばいばい）」と　いうよ。

52ページ

道（しんにょう・しんにゅう）

読み方：ドウ・（トウ）　みち

つかい方：道具（どうぐ）・道場（どうじょう）　道（みち）ばた・道（みち）を歩く

12画

ちゅうい！
「道」の　ひつじゅん。
「道道道道道道道道道道道道」と　書くよ。「⻌」は、三画で　書くよ。

二回ずつ　書いて　れんしゅうしよう

売る　買う

56ページ

米

米 こめ

あける　はらう　はらう　つける

読み方

ベイ・マイ
こめ

1

米　米　米　米　米　米

6画

つかい方

米食（べいしょく）・白米（はくまい）
米（こめ）をとぐ・米作（こめづく）り

でき方

「米」のでき方。

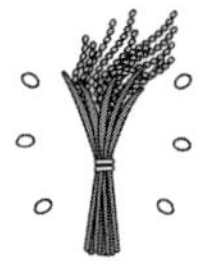

↓米

こめつぶの　ちらばる
ようすから　できた
かん字だよ。

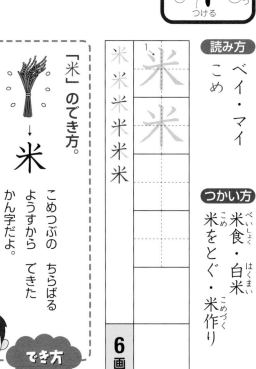

58ページ

歌

歌 あくび

とめる　はねる　はねる　はらう

読み方

カ
うた・うたう

1

歌　歌　歌　歌　歌　歌　歌　歌　歌　歌　歌　歌　歌　歌

14画

つかい方

歌手（かしゅ）・校歌（こうか）
歌（うた）を歌（うた）う

ちゅうい！

「歌」の　ひつじゅん。

「歌」の「哥」の　五画目までは、

「一（よこぼう）」→「口（口を　書いて）」→

「亅（たてぼう）」

と　いう　ひつじゅんだよ。

58ページ

戸

戸 と

よこにかく　はらう

読み方

コ
と

1

戸　戸　戸　戸

4画

つかい方

戸外（こがい）・戸（こ）せき
雨戸（あまど）・戸（と）をしめる

でき方

「戸」の　でき方。

↓戸

門の　かたがわの　とびらの　形から
できた　かん字だよ。

読みかえの　かん字

48ページ	52	54	58	59
年（とし）	外（はずれる）	心（シン）	雨（あま）	空（から）
ある年（とし）	村の外（はず）れ	安心（あんしん）	雨戸（あまど）	空（から）ぞり

二回ずつ　書いて　れんしゅうしよう

歌　う　雨　戸

ものしりメモ

「雨戸」は、「あまど」と　読むよ。ほかに、「雨雲」も、「あめぐも」では　なく、「あまぐも」と　読むよ。「雨」の　読み方に　気を　つけよう。

むかし話を　しょうかいしよう

れんしゅうのワーク

かさこじぞう

教科書　㊦46～62ページ

答え　4ページ

べんきょうした日　月　日

1 あたらしい　かん字を　読みましょう。

① 46ページ　ある（年）の　すえ。

② かさを（売）る。

③ もちを（買）う。

④ 村の（外）れに　来る。

⑤（道）ばたに　立つ。

⑥ 安（あん）（心）する。

⑦（米）を　たく。

⑧ 大きな　声で（歌）う。

⑨（雨戸）を　あける。

⑩（空）ぞりを　引く。

⑪（道）を　歩く。

⑫（戸）を　たたく。

2 あたらしい　かん字を　書きましょう。〔　〕は、ひらがなも　書きましょう。

① 46ページ　□（とし）が　あける。

② パンを　〔　　〕（うる）。

③ おかしを　〔　　〕（かう）。

④ 町の［　　（はずれ）　　］。

⑤ □（みち）ばたに　花が　さく。

⑥ 安（あん）□（しん）して　くらす。

⑦ □（こめ）を　とぐ。

⑧ みんなで［　　（うたう）　　］。

⑨ □□（あまど）を　しめる。

⑩ うまが　□（から）ぞりを　引く。

⑪ □（みち）が　つづく。

⑫ 家の　□（と）を　あける。

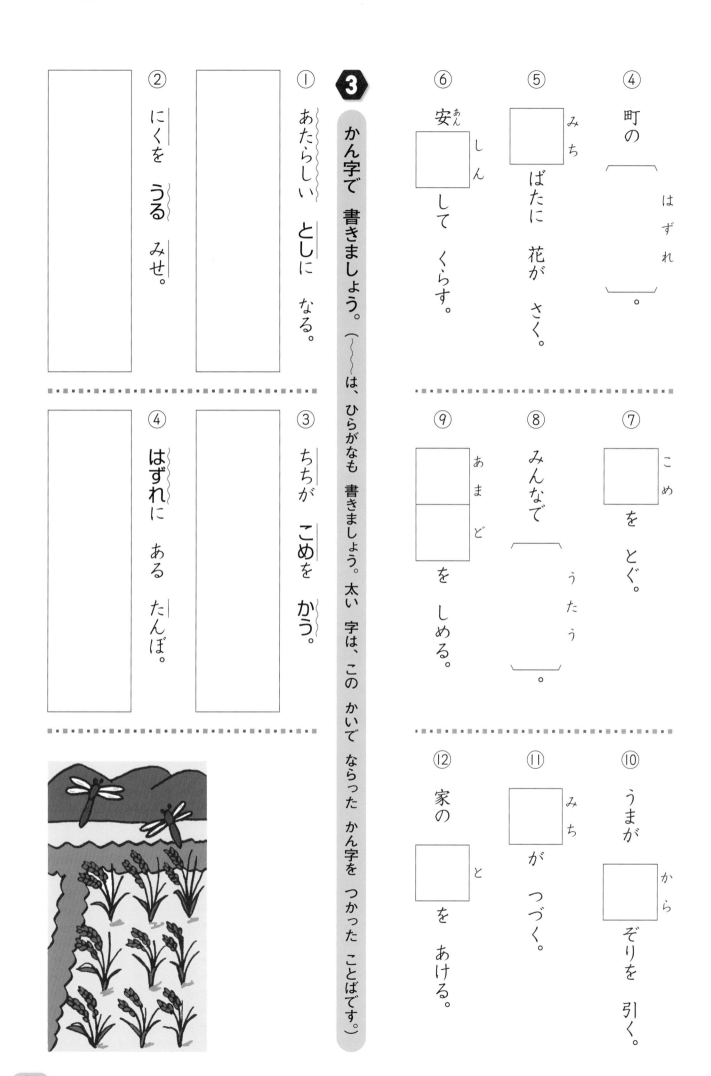

3 かん字で　書きましょう。（～～は、ひらがなも　書きましょう。太い　字は、この　かいで　ならった　かん字を　つかった　ことばです。）

① あたらしい　としに　なる。

② にくを　うる　みせ。

③ ちちが　こめを　かう。

④ はずれに　ある　たんぼ。

きほんのワーク

かん字を つかおう5
かん字を つかおう6

教科書 ㊦63・70ページ

べんきょうした日　月　日

◆「読み方」の 赤い 字は 教科書で つかわれて いる 読みです。●は まちがえやすい かん字です。

かん字を つかおう5

曜　63ページ　（ひへん）曜

わすれない／ほそく

読み方：ヨウ

つかい方：曜日（ようび）・日曜日（にちようび）

18画

午　63ページ　（じゅう）午

つき出さない／ながく

読み方：ゴ

つかい方：午前（ごぜん）・午後（ごご）・正午（しょうご）

4画

かん字の いみ

「午」の いみ。
「午」には、昼の 十二時の いみが あるよ。
正午（しょうご）…昼の 十二時の こと。
午前（ごぜん）…夜の 十二時から 昼の 十二時まで。
午後（ごご）…昼の 十二時から 夜の 十二時まで。

谷　63ページ　（たに）谷

あける／とめる／つける／はらう

読み方：（コク）　たに

つかい方：ふかい谷（たに）　谷川（たにがわ）・谷間（たにま）

7画

岩　63ページ　（やま）岩

つき出さない／ひらたく

読み方：ガン　いわ

つかい方：岩石（がんせき）・よう岩（がん）　岩（いわ）と石・岩山（いわやま）

8画

おぼえよう！

「岩」の 形。
岩
「山」＋「石」と 書くよ。
「山に ある 石」と おぼえよう。

かん字を　つかおう6

63ページ

池　さんずい

池（ながく・はねる・まげる）

読み方
チ
いけ

つかい方
電池（でんち）・用水池（ようすいち）
池（いけ）のこい

6画

形の　にて　いる　かん字。

池　地

れい　池の中

れい　土地

70ページ

鳥　とり

鳥（てんのむき・はねる）

読み方
チョウ
とり

つかい方
白鳥（はくちょう）（しらとり）
鳥（とり）がとぶ

11画

70ページ

馬　うま

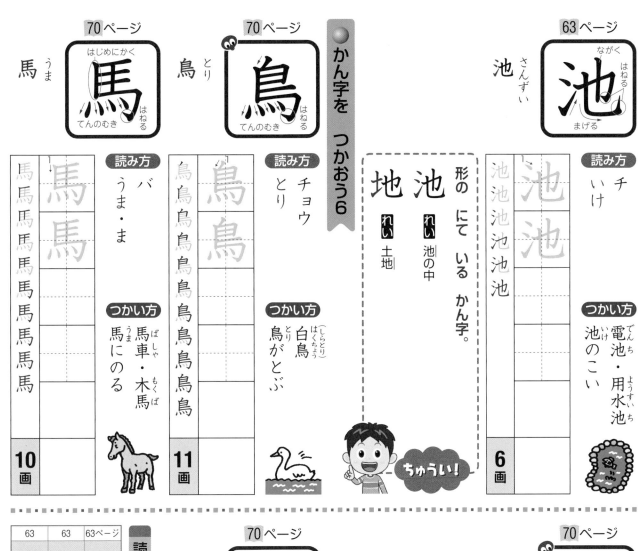

馬（はじめにかく・てんのむき・はねる）

読み方
バ
うま・ま

つかい方
馬車（ばしゃ）・木馬（もくば）
馬（うま）にのる

10画

70ページ

首　くび

首（ながく）

読み方
シュ
くび

つかい方
首都（しゅと）
首（くび）かざり

9画

「首」の　でき方。

↓

首

かみの毛の　生えた
頭の　形から　できた
かん字だよ。

70ページ

番　た

番（とめる・はらう・はらう）

読み方
バン
―

つかい方
当番（とうばん）・番組（ばんぐみ）
じゅん番（ばん）・るす番（ばん）

12画

読みかえの　かん字

63ページ	63	63
前（ゼン）	後（ゴ）	石（セキ）
午前（ごぜん）	午後（ごご）	岩石（がんせき）

70	70
画（ガ）	作（サク）
図画工作（ずがこうさく）	

ものしりメモ
「馬」の　ひつじゅんに　気を　つけよう。「馬」の　一画目は、「馬」では　なく、「馬」。たてぼうから　先（さき）に　書くよ。正しい　ひつじゅんで　書くと　きれいに　書けるよ。

れんしゅうのワーク かん字を つかおう5 かん字を つかおう6

教科書 ㊦63・70ページ
答え 5ページ

べんきょうした日　月　日

1 新しい かん字を 読みましょう。

① 63ページ 曜日（　　）を 書く。

② 午前（　　）中に 家を でる。

③ 午後（　　）の よてい。

④ 谷（　　）に そって 歩く。

⑤ 大きな 岩（　　）。

⑥ おもい 岩石（　　）。

⑦ 池（　　）の 中の こい。

⑧ 70ページ 鳥（　　）が 空を とぶ。

⑨ 馬（　　）に のる。

⑩ 首（　　）を まげる。

⑪ そうじ 当番（　　）。

⑫ 図画工作（　　）。

2 新しい かん字を 書きましょう。

① 63ページ □□（ようび）を しらべる。

② □□（ごぜん）○時に ねる。

③ □□（ごご）に 雨が ふる。

④ □(たに)に ながれる 川。

⑤ □(いわ)を うごかす。

⑥ □□(がんせき)を しらべる。

⑦ こう園の □(いけ)。

⑧ 70ページ □(とり)が はばたく。

⑨ □(うま)が 走る。

⑩ □(くび)を ふる。

⑪ きゅう食(しょく) □□(とうばん)。

⑫ □□□□(ずがこうさく)。

3 かん字を つかおう

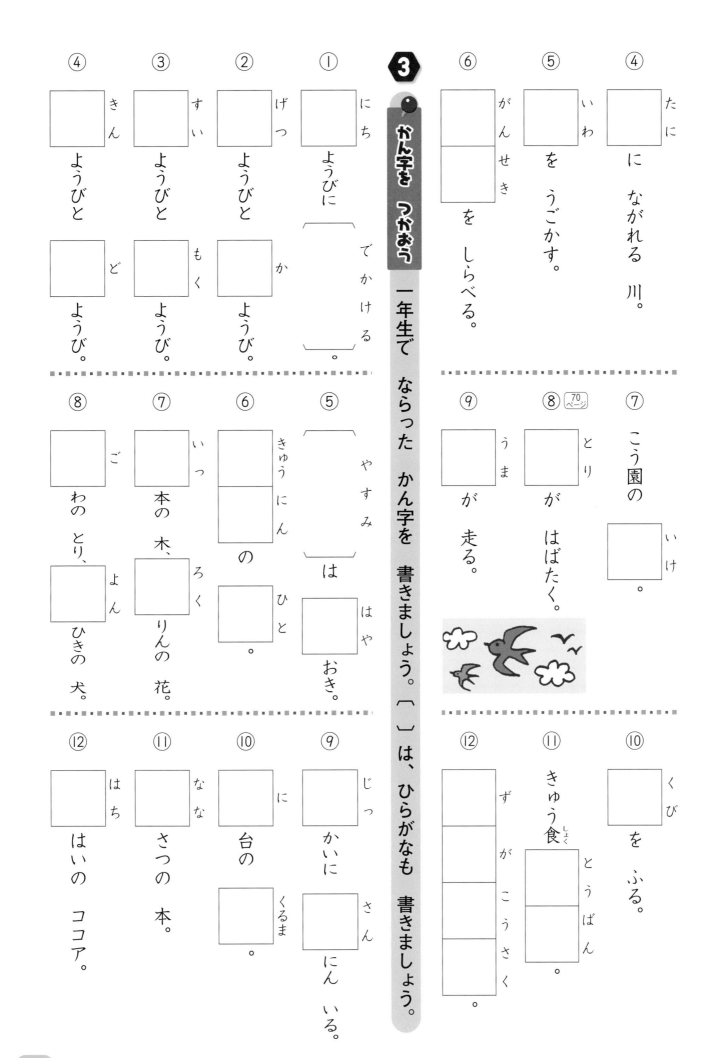

一年生で ならった かん字を 書きましょう。〔 〕は、ひらがなも 書きましょう。

① □(にち)ようびに 〔でかける〕。

② □(げつ)ようびと □(か)ようび。

③ □(すい)ようびと □(もく)ようび。

④ □(きん)ようびと □(ど)ようび。

⑤ 〔やすみ〕は □(はや)おき。

⑥ □□(きゅうにん)の □(ひと)。

⑦ □(いっ)本の 木、□(ろく)りんの 花。

⑧ □(ご)わの とり、□(よん)ひきの 犬。

⑨ □(じっ)かいに □(さん)にん いる。

⑩ □(に)台の □(くるま)。

⑪ □(なな)さつの 本。

⑫ □(はち)はいの ココア。

冬休み まとめのテスト

教科書 上112～下70ページ　答え 5ページ

時間20分

とく点　／100点

べんきょうした日　月　日

1

――線の かん字の 読み方を 書きましょう。　一つ2（24点）

① **今日**（　）は、百メートル **走**（　）る。

② **野**（　）さいの りょうが **足**（　）りない。

③ **上手**（　）に 線を **引**（　）く。

④ 町の **外**（　）れで **米**（　）を 作る。

⑤ **午前**（　）十時から みんなで **歌**（　）う。

⑥ **当番**（　）で **鳥**（　）の せわをする。

2

□に かん字を 書きましょう。（〔　〕は かん字と ひらがなを 書きましょう。）　一つ2（24点）

① 〔たのしい〕休日。

② □（かお）を ふく。

③ 犬が 〔たべる〕。

④ 車が 〔とまる〕。

⑤ □□（ちず）を 見る。

⑥ 青い □（うみ）。

⑦ 白い □（くも）。

⑧ 大きい □（ふね）。

⑨ □（あさ）早く おきる。

⑩ □（はは）の 日。

⑪ □（みち）ばたの 草。

⑫ ふるい □□（あまど）。

3 つぎの かん字で、赤い ぶぶんを さいしょに書く ものには、○を つけましょう。（ぜんぶできて5点）

馬（　）　週（　）　内（　）

4 つぎの なかまに なる ことばを、かん字で 書きましょう。 一つ3（15点）

① □（はる）—夏—秋—冬

② □（ひがし）—□（にし）—南—北

③ □（おとうと）—□（いもうと）—兄—姉

5 ——線の ことばを、かん字と ひらがなで 書きましょう。 一つ4（8点）

① あたらしい 本を 買う。 □

② 時間を はかる。 □

6 つぎの ことばと はんたいの いみに なる ように、□に かん字を 書きましょう。 一つ3（12点）

① 買う ↔ □る

② せまい ↔ □い

③ 前 ↔ □ろ

④ よわい ↔ □い

7 つぎの 二つの かん字を 組み合わせて、一つの かん字を 作りましょう。 一つ3（6点）

① 山 ＋ 石 → □

② 日 ＋ 青 → □

8 まちがって いる かん字に ×を つけ、□に 正しい かん字を 書きましょう。 一つ3（6点）

① 家の 近くの 市場まで 歩く。 □

② 紙を 三角の 形に 切る。 □

あなの やくわりを 考えよう

きほんのワーク

むかしから つたわる 言い方／かん字の 読み方と おくりがな あなの やくわり／かん字を つかおう7

教科書 下72～91ページ

べんきょうした日 月 日

むかしから つたわる 言い方／かん字の 読み方と おくりがな

79ページ

魚（うお）
てんのむき

読み方
ギョ
うお・さかな

つかい方
金魚（きんぎょ）・人魚（にんぎょ）
魚市場（うおいちば）・魚（さかな）をつる

11画

79ページ

電（あめかんむり）
とめる　つき出さない　はねる　まげる

読み方
デン
—

つかい方
電車（でんしゃ）・電気（でんき）
電池（でんち）・電話（でんわ）

13画

でき方

「電」の でき方。

↓ 電

「雨」と「电」（いなずま）から できた かん字だよ。

◆「読み方」の 赤い 字は 教科書で つかわれて いる 読みです。
は まちがえやすい かん字です。

79ページ

細（いとへん）
はらう　とめる

読み方
サイ
ほそい・ほそる
こまか・こまかい

つかい方
細工（さいく）・細心（さいしん）
細（ほそ）いひも・細（こま）かいもよう

11画

おぼえよう！

はんたいの いみの ことば。

「細い」の はんたいの いみを もつ ことばは「太い」だよ。「細い ひも」、「太い 木の えだ」のように つかうよ。

二回ずつ 書いて れんしゅうしよう

金魚　細い

あなの やくわり

86ページ

通（はねる・一かく・つき出す）

しんにょう
しんにゅう
通

読み方

ツウ・(ツ)
とお**る**・とお**す**
かよ**う**

つかい方

通学(つうがく)・人が通(とお)る
糸を通(とお)す・学校に通(かよ)う

10画

読み方に ちゅうい。

通る

○ とおる
× とうる

ちゅうい！

かん字を つかおう7

91ページ

汽（はねる）

さんずい
汽

読み方

キ
―

つかい方

汽車(きしゃ)にのる
汽船(きせん)・汽(き)てき

7画

「汽」の 形。

○ 汽 ―ここには 何も 入らないよ。
× 汽

ちゅうい！

91ページ

刀（つき出さない・はらう・はねる）

かたな
刀

読み方

トウ
かたな

つかい方

木刀(ぼくとう)・日本刀(にほんとう)・小刀(こがたな)
刀(かたな)をぬく

2画

形の にて いる かん字。

「刀」と「力」は、字の 形が にて いるね。
「力」は、上に つき出すけれど、
「刀」は、つき出さないよ。

ちゅうい！

91ページ

弓（はねる）

ゆみ
弓

読み方

(キュウ)
ゆみ

つかい方

弓(ゆみ)で矢(や)をいる
弓矢(ゆみや)・弓(ゆみ)なり

3画

二回ずつ 書いて れんしゅうしよう

通る
汽車

ものしりメモ

「細い」の ときは 「ほそい」、「細かい」の ときは 「こまかい」と 読むよ。
おくりがなに よって、読み方も いみも かわるので 気を つけよう。

91ページ

里 さと

里（つき出さない・ながく）

読み方 リ　さと

つかい方 一里（いちり）・きょう里（り）　山里（やまざと）・里（さと）いも

里里里里里里里

7画

91ページ

直 め

直（つける・おれる・ながく）

読み方 チョク・ジキ　ただちに　なおす・なおる

つかい方 直線（ちょくせん）・日直（にっちょく）・正直（しょうじき）　直（ただ）ちに行（おこな）う・字を直（なお）す

直直直直直直直直

8画

91ページ

矢 や

矢（つき出さない・ながく・はらう）

読み方 や（シ）

つかい方 矢（や）が当たる　矢（や）じるし

矢矢矢矢矢

5画

ちゅうい！

「矢」の形。
○ 矢　左はらいの 線が 上に
× 失　つきぬけない ように。

91ページ

黒 くろ

黒（ながく・てんのむき）

読み方 コク　くろ・くろい

つかい方 黒（こく）ばん・黒点（こくてん）　黒（くろ）まめ・黒（くろ）いけむり

黒黒黒黒黒黒黒黒黒黒黒

11画

91ページ

寺 すん

寺（ながく・はねる）

読み方 ジ　てら

つかい方 寺社（じしゃ）・古寺（こじ）　寺（てら）にまいる

寺寺寺寺寺寺

6画

読みかえの かん字

ページ	かん字	れい
75ページ	回（カイ）	一回（いっかい）ずつ
78	下（くだる）	山を下（くだ）る
78	後（あと）	後（あと）につづける
79	外（そと）	外（そと）に出る
79	明（あかり）	明（あ）かり
79	田（デン）	水田（すいでん）
79	国（くに）	近くの国（くに）
79	角（かど）	角（かど）をまがる
84	先（さき）	プラグの先（さき）
91	木（ボク）	木刀（ぼくとう）

ものしりメモ 「明」は 読み方が たくさん あるよ。それぞれの いみと つかい方を よく おぼえて、読んだり 書いたり しよう。

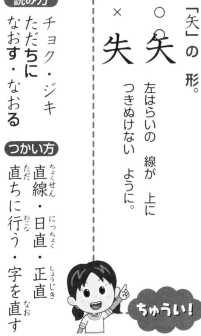

れんしゅうのワーク

むかしから　つたわる　言い方／かん字の　読み方と　おくりがな
あなの　やくわり／かん字を　つかおう7

教科書　㊦72～91ページ
答え　6ページ

べんきょうした日　　月　　日

1 新しい　かん字を　読みましょう。

① 72ページ 一回（　　）ずつ　つかう。

② 78ページ 山の　道を　下（　　）る。

③ 後（　　）に　つづく。

④ 外（　　）へ　行く。

⑤ 金魚（　　）の　いる　はち。

⑥ 電車（　　）に　のる。

⑦ 細（　　）い　つな。

⑧ 明（　　）かりを　ともす。

⑨ 水田（　　）が　広がる。

⑩ 近くの　国（　　）に　行く。

⑪ 道の　角（　　）を　まがる。

⑫ 80ページ プラグの　先（　　）を　見る。

⑬ あなを　通（　　）る。

⑭ 91ページ 汽車（　　）の　まど。

⑮ 木刀（　　）で　れんしゅうする。

⑯ 弓（　　）を　かざる。

⑰ 矢（　　）を　はなつ。

⑱ うつくしい　日本の　刀（　　）。

⑲ （直線）を 引く。

⑳ （山里）に すむ。

㉑ （寺）に まいる。

㉒ （黒）い 毛の 犬。

㉓ （黒）ばんに 書く。

2 新しい かん字を 書きましょう。（　）は、おくりがなも 書きましょう。

① 72ページ □□（いっかい）ずつ 作る。

② 78ページ さかを （　　）（くだる）。

③ □（あと）で しらべる。

④ までの □（そと）を 見る。

⑤ □□（きんぎょ）の えさ。

⑥ □□（でんしゃ）で かよう。

⑦ （　　）（ほそい）ひも。

⑧ ろうそくの （　　）（あかり）。

⑨ □□（すいでん）に 虫が いる。

⑩ とおい □（くに）の 話。

⑪ つくえの □（かど）。

⑫ 80ページ えんぴつの □（さき）。

⑬ 空気が （　　）（とおる）。

⑭ 91ページ □□（きしゃ）に のる。

⑮ □□（ぼくとう）を ふる。

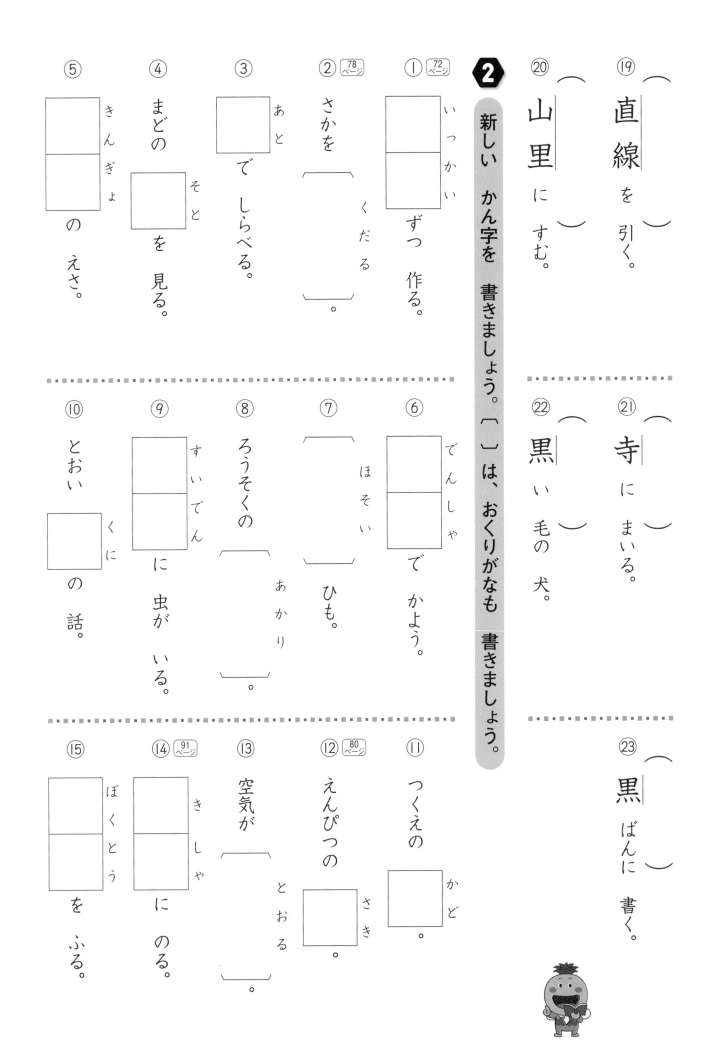

⑯ むかしの □（ゆみ）。

⑰ □（や）を いる。

⑱ こしに □（かたな）を さす。

⑲ □□（ちょくせん）の 長さ。

⑳ □□（やまざと）で くらす。

㉑ □（てら）で かねを つく。

㉒ 〔くろい〕くつ。

㉓ □（こく）ばんに 絵を かく。

3 かん字を つかおう

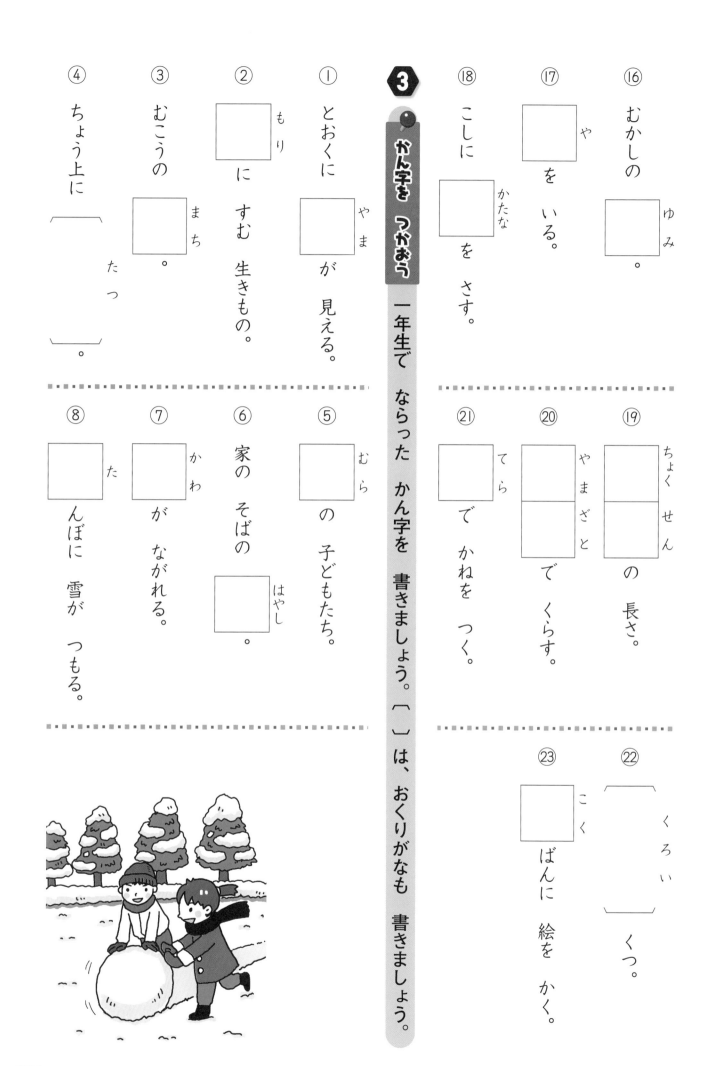

一年生で ならった かん字を 書きましょう。〔　〕は、おくりがなも 書きましょう。

① とおくに □（やま）が 見える。

② □（もり）に すむ 生きもの。

③ むこうの □（まち）。

④ ちょう上に 〔たつ〕。

⑤ □（むら）の 子どもたち。

⑥ 家の そばの □（はやし）。

⑦ □（かわ）が ながれる。

⑧ □（た）んぼに 雪が つもる。

くらべて つたえよう

きほんのワーク

はんたいの いみの ことば／くらべて つたえよう
声に 出して みよう／たからものを しょうかいしよう

教科書 下92～109ページ

べんきょうした日 月 日

● はんたいの いみの ことば

◆「読み方」の 赤い 字は 教科書で つかわれて いる 読みです。●●は まちがえやすい かん字です。

弱（92ページ）

弱（ゆみ）　はねる

読み方：ジャク／よわい・よわる／よわまる・よわめる

つかい方：弱点（じゃくてん）・強弱（きょうじゃく）／弱（よわ）い風・雨が弱（よわ）まる

10画

遠（92ページ）

遠（しんにょう／しんにゅう）　ながく　とめる　一かく　とめる

読み方：エン・（オン）／とおい

つかい方：遠近（えんきん）・遠足（えんそく）・遠方（えんぽう）／遠（とお）いむかし

13画

読み方に 気を つけよう。
遠い　○ とおい　× とうい

ちゅうい！

古（93ページ）

古（くち）　ながく　つける

読み方：コ／ふるい・ふるす

つかい方：古風（こふう）・中古（ちゅうこ）／古（ふる）い家・つかい古（ふる）す

5画

半（93ページ）

半（じゅう）　ながく

読み方：ハン／なかば

つかい方：半分（はんぶん）・半日（はんにち）・前半（ぜんはん）（ぜんぱん）／一月の半（なか）ば

5画

「半」の ひつじゅん。
「半」は、
「半 半 半 半 半」と 書くよ。
まん中の「｜」は、さいごに 書くよ。

ちゅうい！

公

93ページ

公 はち

読み方: コウ（おおやけ）

つかい方: 公園（こうえん）・公開（こうかい）公立（こうりつ）・主人公（しゅじんこう）

4画

公公公公

くらべて つたえよう／声に 出して みよう

おぼえよう!

公

「公」の かん字の 形。
「八」＋「ム」と おぼえよう。
上の ぶぶんは 「人」ではなく、「八」だよ。

理

98ページ

理 おうへん たまへん

読み方: リ ―

つかい方: せい理（り）・地理（ちり）・理（り）科室（かしつ）

11画

理理理理理理理理理理理

用

103ページ

用 もちいる

読み方: ヨウ もちいる

つかい方: 画用紙（がようし）・用心（ようじん） 車を用（もち）いる

5画

用用用用用

読みかえの かん字

93ページ 台（タイ）	93 組（くみ）	93 左（サ）	93 右（ユウ）	93 強（キョウ）
台風（たいふう）	一組（ひとくみ）	左右（さゆう）		強弱（きょうじゃく）

93 近（キン）	93 売（バイ）	93 買（バイ）	93 上（かみ）	93 下（しも）
遠近（えんきん）	売買（ばいばい）		川の上手（かみて）	川の下手（しもて）

96 学（まなぶ）	103 紙（シ）	106 角（つの）
読んで学（まな）ぶ	画用紙（がようし）	牛の角（つの）

とくべつな 読み方

93 今年	93 時計	93 下手
ことし	とけい	へた

103 明日	103 今朝	103 川原
あす	けさ	かわら

103 七夕
たなばた

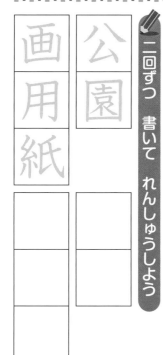

二回ずつ 書いて れんしゅうしよう

公園

画用紙

ものしりメモ はんたいの いみの ことばを おぼえよう。「弱い」と 「強い」、「遠い」と 「近い」、「古い」と 「新しい」、「売る」と 「買う」など たくさん あるね。

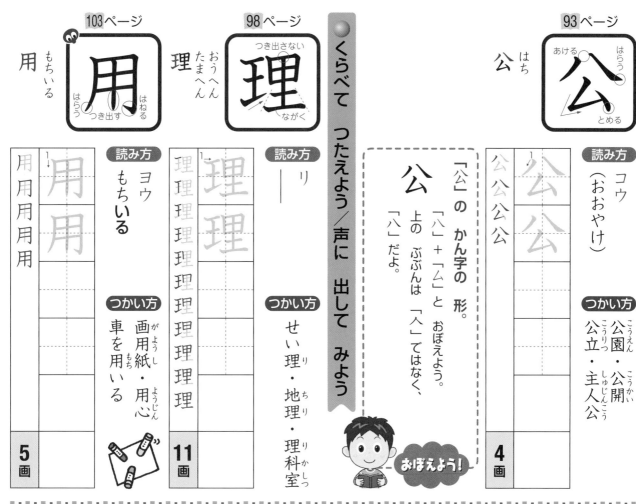

くらべて つたえよう

れんしゅうのワーク

はんたいの いみの ことば／くらべて つたえよう 声に 出して みよう／たからものを しょうかいしよう

教科書 ㊦92～109ページ

答え 6ページ

べんきょうした日　月　日

1 新しい かん字を 読みましょう。

① 92ページ じゃんけんに （　）弱い。

② えきまで （　）遠い。

③ （　）今年の 冬。

④ （　）台風が 来る。

⑤ （　）古い たてもの。

⑥ （　）時計を おくる。

⑦ （　）半分 あける。

⑧ （　）公園に 行く。

⑨ （　）一組の くつ。

⑩ （　）左右を たしかめる。

⑪ 音の （　）強弱。

⑫ （　）遠近が わかりにくい。

⑬ しなものを （　）売買する。

⑭ 絵が （　）下手だ。

⑮ 川の （　）上手の ダム。

⑯ 川の （　）下手に ながれる。

⑰ 96ページ 読んで （　）学ぶ。

⑱ ひょうに せい（　）理する。

⑲ 102ページ 画用紙（　　　）を つかう。

⑳ 明日（　　　）の 天気。

㉑ 今朝（　　　）おきた 時間。

㉒ 川原（　　　）で あそぶ。

㉓ 七夕（　　　）に 夜空を 見る。

㉔ 104ページ おにの 角（　　　）。

2 新しい かん字を 書きましょう。〔　〕は、おくりがなも 書きましょう。

① 92ページ 〔よわい〕 雨が ふる。

② 山まで 〔とおい〕。

③ □□（ことし） の カレンダー。

④ □□（たいふう） に そなえる。

⑤ 〔ふるい〕 町なみ。

⑥ □□（とけい） の はり。

⑦ □□（はんぶん） に おる。

⑧ □□（こうえん） の ふん水。

⑨ 二人 □□（ひとくみ） に なる。

⑩ □□（さゆう） を 見回す。

⑪ □□（きょうじゃく） を つける。

⑫ □□（えんきん） の ある 絵。

⑬ 家を □□（ばいばい） する。

⑭ □□（へた） な 字。

⑮ □□（かみて） から ながれる。

⑯ □□（しもて） に ある 村。

⑰ 96ページ みんなで 〔　　　〕（まなぶ）。

⑱ ノートに せい□（り） する。

⑲ 102ページ 白い □□□（がようし）。

⑳ □□（あす） の ようい。

㉑ □□（けさ） 会った 人。

㉒ ちかくの □□（かわら）。

㉓ □□（たなばた） の たんざく。

㉔ 104ページ しかの □（つの）。

3 かん字で 書きましょう。（〜〜は、おくりがなも 書きましょう。太い 字は、この 回で ならった かん字を つかった ことばです。）

① としょかんまで とおい。

② ふるい がようしが ある。

③ にくを はんぶんに きる。

④ つのの かたち。

かんそうを つたえ合おう

きほんのワーク

お手紙／かん字を つかおう8／にた いみの ことば

教科書 下 114〜133ページ

べんきょうした日 月 日

◆「読み方」の 赤い 字は 教科書で つかわれて いる 読みです。
は まちがえやすい かん字です。

118ページ

毎（まい）

毎 なかれ　はは はは のかん

（はねる・とめる）

読み方
マイ
―

つかい方
毎日（まいにち）・毎朝（まいあさ）・毎月（まいつき）

毎 毎 毎 毎 毎 毎

6画

ちゅうい！
形の にて いる かん字。
毎（マイ） 母（はは） 海（うみ）
ちがう ぶぶんに ちゅういして 書こう。

119ページ

帰

帰 はば

（つき出さない・とめる・はねる・はらう）

読み方
キ
かえる・かえす

つかい方
帰港（きこう）・帰国（きこく）
学校から帰（かえ）る

帰 帰 帰 帰 帰 帰 帰 帰 帰 帰

10画

131ページ

羽

羽 はね

（はねる）

読み方
（ウ）
は・はね

つかい方
白羽（しらは）・千羽（せんば）づる
鳥の羽（はね）・羽（はね）を広げる

羽 羽 羽 羽 羽 羽

6画

でき方
「羽」の でき方。

↓
羽

鳥の はねの 形から できた かん字だよ。

二回ずつ 書いて れんしゅうしよう

毎日　帰る

131ページ

京（なべぶた）

読み方
キョウ・（ケイ）
—

つかい方
東京（とうきょう）・京都（きょうと）・上京（じょうきょう）

8画

131ページ

麦（むぎ）

読み方
（バク）
むぎ

つかい方
麦茶（むぎちゃ）・小麦（こむぎ）
麦（むぎ）ばたけ

7画

131ページ

交（なべぶた）

読み方
コウ・まじわる
まじえる・まじる
まざる・まぜる
（かう）（かわす）

つかい方
交通（こうつう）・交番（こうばん）
道が交（まじ）わる

6画

「交」の でき方。

→ 交

人が 足を まじわらせて いる ようすを あらわして いるよ。

でき方

132ページ

星（ひ）

読み方
セイ・（ショウ）
ほし

つかい方
火星（かせい）・星雲（せいうん）
星（ほし）を見る

9画

読みかえの かん字

125ページ	125	131	131
親（シン）	友（ユウ）	直（なおす）	通（ツウ）
親愛（しんあい）	親友（しんゆう）	書き直（なお）す	交通（こうつう）
132	132	133	133
今（コン）	夜（ヤ）	雪（セツ）	船（セン）
今夜（こんや）		雪原（せつげん）	風船（ふうせん）
133	133	133	133
朝（チョウ）	食（ショク）	昼（チュウ）	色（ショク）
朝食（ちょうしょく）		昼食（ちゅうしょく）	三色（さんしょく）

二回ずつ 書いて れんしゅうしよう

麦茶

交通

ものしりメモ 「星」は、「日」＋「生」だね。「お日さまから 生まれた お星さま」と おぼえよう。

かんそうを　つたえ合おう

れんしゅうのワーク

お手紙／かん字を　つかおう8　にた　いみの　ことば

教科書 ㊦114～133ページ

答え 6ページ

べんきょうした日　月　日

1 新しい　かん字を　読みましょう。

① 114ページ 毎日（　　） 手紙を　まつ。

② 家へ　帰（　　）る。

③ 親愛（　　）（あい） なる　ともだち。

④ ぼくの　親友（　　）。

⑤ 131ページ からすの　羽（　　）。

⑥ 東京（　　）に　むかう。

⑦ 麦茶（　　）を　つぐ。

⑧ かん字を　書き　直（　　）す。

⑨ 交通（　　）あんぜん。

⑩ 132ページ 今夜（　　）は　晴れる。

⑪ 星（　　）が　見える。

⑫ 雪原（　　）を　見る。

⑬ 風船（　　）を　さわる。

⑭ 朝食（　　）の　時間。

⑮ 昼食（　　）を　じゅんびする。

⑯ 三色（　　）の　ペン。

2 新しい かん字を かきましょう。〔 〕は、おくりがなも かきましょう。

① 114ページ □□（まいにち） さんぽする。

② へやに 〔　　〕（かえる）。

③ □（しん） 愛（あい）の きもち。

④ □□（しんゆう） との やくそく。

⑤ 131ページ □（はね） を 広げる。

⑥ □□（とうきょう） に すむ。

⑦ □□（むぎちゃ） を 入れる。

⑧ 文を かき 〔　　〕（なおす）。

⑨ □□（こうつう） ルール。

⑩ 132ページ □□（こんや） の よてい。

⑪ □（ほし） が かがやく。

⑫ □□（せつげん） が 広がる。

⑬ □□（ふうせん） を ふくらます。

⑭ □□（ちょうしょく） を よういする。

⑮ □□（ちゅうしょく） を すませる。

⑯ □□（さんしょく） の クレヨン。

3 かん字で かきましょう。（〜〜〜は、おくりがなも かきましょう。太い 字は、この 回で ならった かん字を つかった ことばです。）

① まいにち むぎちゃを のむ。

□

② しんゆうに てがみを かく。

□

③ とうきょうに いく ふね。

□

④ こうつうルールを まなぶ。

□

⑤ こんやは ほしが きれいだ。

□

⑥ ちょうしょくを つくる。

□

4 かん字を つかおう

一年生で ならった かん字を かきましょう。〔 〕は、おくりがなも かきましょう。

① □□（てんき）が わるい。

② □（あめ）が ふる。

③ □（うえ）を 見る。

④ □□（あおぞら）が 広がる。

⑤ 〔　　〕（しろい） 雲。

⑥ □（した）に おちる。

⑦ □□（ゆうひ）が うつくしい。

⑧ 〔　　〕（あかい） 光が さす。

2年 しあげのテスト

答え 7ページ

時間 20分

とく点 /100点

べんきょうした日 月 日

1 ——線の かん字の 読み方を 書きましょう。 一つ1（12点）

① 一回（　）外（　）に 出る。

② 車より 先（　）に 人が 通（　）る。

③ 汽車（　）に のって 山里（　）に むかう。

④ 黒（　）い ペンで 直線（　）を 引く。

⑤ 今朝（　）、七夕（　）の たんざくを 書く。

⑥ 今夜（　）、東京（　）へ 行く。

2 □に かん字を 書きましょう。（〔　〕は かん字と おくりがなを 書きましょう。） 一つ2（24点）

① 赤い □□（きんぎょ）。

② つくえの □（かど）。

③ □□（ぼくとう）を ふる。

④ □（てら）に まいる。

⑤ 〔　　〕（よわい）雨。

⑥ □□（はんぶん）に おる。

⑦ せい□（り）する。

⑧ □□□（がようし）。

⑨ 家に 〔　　〕（かえる）。

⑩ とんぼの □（はね）。

⑪ ひえた □□（むぎちゃ）。

⑫ 青い □□（ふうせん）。

3 つぎの　かん字の　かく数を　（　）に　数字で　書きましょう。　一つ2（8点）

①　近（　　）かく　②　曜（　　）かく

③　線（　　）かく　④　強（　　）かく

4 つぎの　読み方を　する　かん字を　書きましょう。　一つ1（6点）

① コウ
1　作で　ねん土を　つかう。
2　通あんぜんの　おまもり。

② エン
1　近くの　公□に　行く。
2　□足の　じゅんびを　する。

③ あ(う)
1　みんなで　話し□う。
2　えきで　友だちに　□う。

5 つぎの　二つの　かん字を　組みあわせて、一つの　かん字を　作りましょう。　一つ1（4点）

①　矢＋口→□　②　口＋鳥→□

③　女＋市→□　④　日＋生→□

6 □に　同じ　ぶぶんを　もつ　かん字を　書きましょう。　一つ1（8点）

①　広い□（みち）・□（くび）わ

②　お□（にく）・□（うち）がわ

③　□（いけ）の中・□（ち）図

④　□（あたら）しい・□（しん）友

7 つぎの　ことばの　読み方を　書きましょう。　一つ1（6点）

①（　　）今年　②（　　）大人　③（　　）川原

④（　　）明日　⑤（　　）一人　⑥（　　）時計

8 形に ちゅういして、□に かん字を 書きましょう。 一つ2(12点)

① □(ご)前中に □(うし)の 絵を かく。

② 夕□(がた)、会場に 一□(まん)人 あつまる。

③ □(はは)は □(まい)朝、ニュースを 見る。

9 ——線の かん字の 読み方を 書きましょう。 一つ1(8点)

① 1 細い(　　) 2 細かい(　　)

② 1 せつ明(　　) 2 明るい(　　) 3 明かり(　　)

③ 1 前後(　　) 2 後ろ(　　) 3 後に する(　　)

10 かん字 二字の ことばが 二つずつ できるように、□に あてはまる かん字を 下から えらんで 書きましょう。 一つ1(4点)

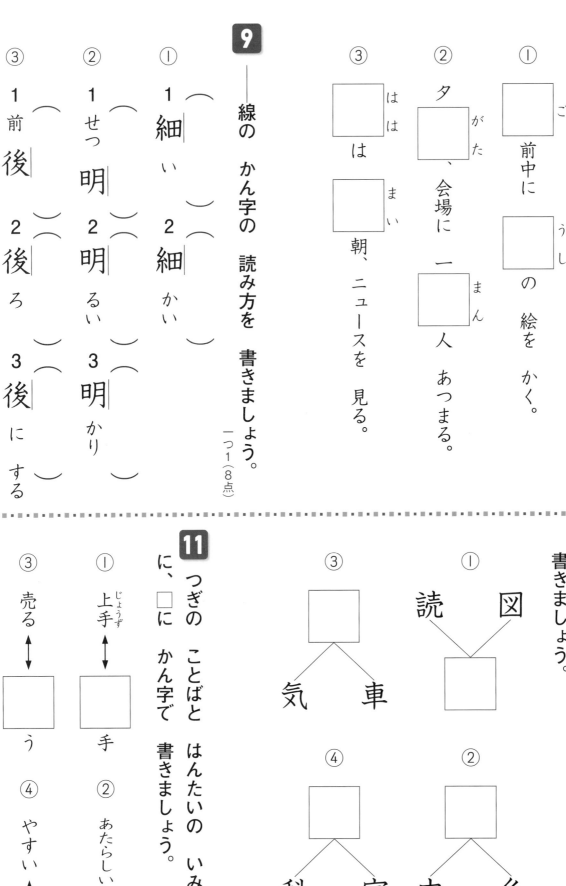

① 図　読 → □

② □ → 虫　糸

③ □ → 気　車

④ □ → 科　室

電　書　作　毛　教

11 つぎの ことばと はんたいの いみに なるように、□に かん字で 書きましょう。 一つ2(8点)

① 上手(じょうず) ↕ □手

② あたらしい ↕ □い

③ 売る ↕ □う

④ やすい ↕ □い

教科書ワーク

答えとてびき

「答えとてびき」は、とりはずすことができます。

東京書籍版

かん字2年

使い方

まちがえた問題は、くり返し書いて練習し、確実に書けるまで指導してあげてください。この本で、教科書に出てくる漢字の使い方を覚え、漢字の力を身につけましょう。

●教科書　新編新しい国語二上

風の　ゆうびんやさん／かん字を　つかおう1

4〜6ページ　れんしゅうのワーク

❶
①かぜ　②げんき　③よ　④い　⑤こ
⑥ひか　⑦はなし　⑧おんどく　⑨まる
⑩こえ　⑪か　⑫ちゅう
⑬いちにちじゅう　⑭あ　⑮ひかり
⑯にっこう　⑰おがわ　⑱じょうげ
⑲のぼ

❷
①風　②元気　③読み　④言う　⑤木
⑥光る　⑦話　⑧音読　⑨丸　⑩声　⑪花
⑫虫　⑬一日中　⑭空き　⑮光　⑯日光
⑰小川　⑱上下　⑲上る

❸
①木かげに　風が　ふく。
②大きい　声で　読む。　③先生の　お話。

❹
①花　②竹　③糸・音　④石・虫　⑤草
⑥入る　⑦中　⑧出る

としょかんへ　行こう／かん字の　書き方／はたらく　人に　話を　聞こう

10・11ページ　れんしゅうのワーク

❶
①い　②わ　③き　④か　⑤かた　⑥つく
⑦てん　⑧せん　⑨かく　⑩かず
⑪どくしょ　⑫き　⑬なに　⑭かんが
⑮にっき

❷
①行く　②分ける　③記　④書く　⑤方
⑥作る　⑦点　⑧線　⑨画　⑩数　⑪読書
⑫聞く　⑬何　⑭考える　⑮日記

❸
①点を　線で　むすぶ。
②何を　聞くか　考える。

たんぽぽ／かん字を　つかおう2

14〜16ページ　れんしゅうのワーク

❶
①よる　②あいだ　③かぞ　④おお
⑤すく　⑥げ　⑦あ　⑧じかん
⑨せいかつか　⑩く　⑪らいげつ
⑫もじ(もんじ)　⑬しょうがつ
⑭せいもん　⑮じょし　⑯だんし
⑰にんげん　⑱けいと

❷
①夜　②間　③数える　④多い　⑤少ない
⑥毛　⑦当たる　⑧時間　⑨生活科
⑩来る　⑪来月　⑫文字　⑬正月　⑭正門
⑮女子　⑯男子　⑰人間

❸
①夜に　風が　ふく。
②さらの　数を　数える。
③かみの　毛が　多い。
④はれの　日が　少ない。
⑤日光が　当たる。　⑥音がくの　時間。

4 ①学校 ②二年 ③字 ④正しい ⑤文 ⑥先生 ⑦名

かんさつした ことを 書こう かたかなで 書く ことば

19・20ページ れんしゅうのワーク

1 ①まわ ②たか ③きいろ ④がいこく ⑤ちめい ⑥なまえ ⑦ひとり ⑧ふたり ⑨おとな ⑩まわ ⑪たか

2 ①回り ②高さ ③黄色 ④外国 ⑤地名 ⑥名前 ⑦一人 ⑧二人 ⑨大人 ⑩回る ⑪高い

3 ①山の 高さを はかる。 ②黄色の 線を ひく。 ③外国の 地名。 ④花の 名前を 聞く。

名前を 見て ちょうだい

23・24ページ れんしゅうのワーク

1 ①のはら ②ほう ③あたま ④こた ⑤ほんとう ⑥うし ⑦みお ⑧ま ⑨げ ⑩くうき ⑪ふう ⑫もと ⑬ば ⑭あ ⑮おも

2 ①野原 ②方 ③頭 ④答える ⑤本当 ⑥牛 ⑦見下ろす ⑧間 ⑨気 ⑩空気 ⑪風 ⑫元 ⑬場 ⑭会う ⑮思う

3 ①野原の 方へ 行く。 ②牛の 頭を 見る。 ③話の 場めんを 分ける。

かん字を つかおう3

27・28ページ れんしゅうのワーク

1 ①いま ②かいしゃ ③けんがく ④おや ⑤した ⑥とも ⑦きゅうじつ ⑧あか ⑨めいぶん ⑩めいげん ⑪ごと ⑫けいさん

2 ①今 ②会社 ③見学 ④親 ⑤親しい ⑥友 ⑦休日 ⑧明るい ⑨明文 ⑩名言 ⑪言 ⑫計算

3 ①手 ②口 ③力 ④足 ⑤見る ⑥耳 ⑦貝 ⑧目 ⑨右 ⑩左

じゅんじょ／こんな ことを して いるよ 話そう、二年生の わたし どうぶつ園の かんばんと ガイドブック

32・33ページ れんしゅうのワーク

1 ①なま ②く ③いえ ④じぶん ⑤ぎょう ⑥こころ ⑦おし ⑧えん ⑨し ⑩からだ ⑪なが ⑫ふと ⑬そうげん(くさはら) ⑭しんりん ⑮さ ⑯にく ⑰おな ⑱く ⑲し ⑳なが

2 ①生 ②組み ③家 ④自分 ⑤行 ⑥心 ⑦教える ⑧園 ⑨知る ⑩体 ⑪長さ ⑫太い ⑬草原 ⑭森林 ⑮下げる ⑯肉 ⑰同じ

夏休み まとめのテスト

34・35ページ まとめのテスト

1 ①げんき・こえ ②かず・おお ③がいこく・なまえ ④ふたり・のはら ⑤とも・けいさん ⑥じぶん・く

2 ①風 ②方 ③作る ④夜 ⑤少ない ⑥当たる ⑦黄色 ⑧頭 ⑨場 ⑩会う ⑪家 ⑫園

3 ①一(二) ②一(二)

4 ①親 ②来 ③高 ④今

5 ①門・聞 ②話・読

6 ①アあいだ イま ウかん エげん ②アい イぎょう

7 ①回る ②考える ③分ける

てびき

1 ②「おおい」は、特にまちがえやすい漢字です。「おうい」としないようにしましょう。一年生で習った漢字の「大きい(おおきい)」、「王さま(おうさま)」もあわせて復習しましょう。

④「二人(ふたり)」は特別な読み方の漢字です。

2 ②「方」の筆順は「丶亠亍方」です。

⑥「当」の「⺌」を「ッ」にしないようにしましょう。真ん中の縦棒を先に書きます。「当たる」は、送りがなもまちがえやすい漢字です。

⑦「黄」の七画目「黄」はつき出して書きます。

⑪「家」は、筆順と形に気をつける漢字です。線の数や場所に気をつけて書きましょう。

⑫「口」で囲まれた漢字は、筆順に気をつけましょう。中の部分を書いてから、最後に下の横棒を書きます。また、「⺍」の部分の形と筆順に気をつけましょう。「ノィィ⺍」の順に書きます。

3 筆順をまちがえやすい漢字を出題しています。

②「長」の一画目は、縦棒「長」です。横棒から書かないようにしましょう。

4 反対の意味の言葉の問題はテストによく出題されます。いっしょに覚えるようにしましょう。ほかに「大きい」と「小さい」、「多い」と「少ない」などもまとめて覚えるようにしましょう。

5 ②「言」は、言葉に関係のある漢字につきます。「言」のつく漢字は、ほかに「記」などがあります。

6 読み方がいくつかある漢字です。文中での漢字の使われ方によって、読み方は異なります。前後の言葉などを手がかりにして読みましょう。

7 送りがなをまちがえやすい漢字です。

②「考える」は送りがなだけでなく、筆順や形にも注意しましょう。五画目は画の向きに気をつけて、六画目は一回で書きましょう。

③「分ける」は送りがなと形に気をつける漢字です。「分」＝「八」＋「刀」と覚えましょう。「八」の部分を「人」にしないようにしましょう。

みんなで 話し合おう ニャーゴ

38・39ページ れんしゅうのワーク

1 ①あ ②だい ③たの ④ゆき ⑤かお ⑥た ⑦いっしょう ⑧ある ⑨すこ ⑩きょう ⑪はし ⑫と ⑬く ⑭おとうと ⑮いもうと ⑯た ⑰あ ⑱ある

2 ①合う ②大 ③楽しい ④雪 ⑤顔 ⑥食べる ⑦一生 ⑧歩く ⑨少し ⑩今日 ⑪走る ⑫止まる ⑬食う ⑭弟 ⑮妹 ⑯足り ⑰合う

かん字を つかおう4 絵を 見て お話を 書こう

42・43ページ れんしゅうのワーク

1 ①いちまん ②はか ③や ④たいせつ ⑤てんさい ⑥うてん ⑦あま ⑧がいこくご ⑨まるた ⑩だい ⑪え ⑫ひろ ⑬ちず ⑭えにっき ⑮ひろ

2 ①一万 ②計る ③野 ④大切 ⑤天才 ⑥雨天 ⑦天 ⑧外国語 ⑨丸太 ⑩台 ⑪絵 ⑫広げる ⑬地図

3 ①百円玉 ②千円 ③女・子・本

④男・子　⑤小さい・王　⑥大きい・犬

●教科書　新編新しい国語二下

ビーバーの　大工事／「どうぶつカード」を　作ろう／主語と　じゅつ語

47～49ページ　れんしゅうのワーク

1
①こう　②きた　③じ　④ちか　⑤うわ
⑥だいく　⑦き　⑧ひ　⑨じょうず
⑩うし　⑪かたち　⑫か　⑬ごふんかん
⑭よなか　⑮うち　⑯うみ　⑰としょ
⑱あたら　⑲つよ　⑳な　㉑くも　㉒は
㉓ふね　㉔ちか

2
①工　②北　③地　④近よる　⑤上
⑥大工　⑦切る　⑧引く　⑨上手　⑩後ろ
⑪形　⑫家　⑬五分間　⑭夜中　⑮内
⑯海　⑰図書　⑱新しい　⑲強い　⑳鳴く
㉑雲　㉒晴れる　㉓船

3
①図書かんが　近い。
②大工が　家を　たてる。
③丸の　形に　切る。
④内がわに　線を　引く。
⑤新しい　本を　読む。
⑥強い　風が　ふく。

町で　見つけた　ことを　話そう／かたかなを　つかおう1

52・53ページ　れんしゅうのワーク

1
①てんちょう　②ふゆ　③あさ　④しゅう
⑤いちば（しじょう）　⑥みせ
⑦ちゃいろ　⑧はる
⑨さんかくけい（さんかっけい）
⑩しょてん　⑪らいしゅう　⑫ちゃ

2
①店長　②冬　③朝　④週　⑤市場　⑥店
⑦茶色　⑧春　⑨三角形　⑩来週

3
①店長が　前に　立つ。
②冬に　雪が　ふる。
③朝ごはんを　食べる。
④新しい　店が　できる。
⑤茶色の　絵のぐ。　⑥春が　来る。

なかまに　なる　ことば／「ありがとう」を　つたえよう

57～59ページ　れんしゅうのワーク

1
①なつ　②あき　③ひがし　④みなみ
⑤にし　⑥ちち　⑦はは　⑧あに　⑨あね
⑩ひる　⑪きょうか　⑫おんがく　⑬たい
⑭とうざいなんぼく
⑮しゅんかしゅうとう　⑯きょうだい
⑰にい　⑱ねえ　⑲かあ　⑳とう
㉑てがみ　㉒しつ　㉓ひるま

2
①夏　②秋　③東　④南　⑤西　⑥父
⑦母　⑧兄　⑨姉　⑩昼　⑪教科　⑫音楽
⑬体　⑭東西南北　⑮春夏秋冬　⑯兄弟
⑰兄さん　⑱姉さん　⑲母さん　⑳父さん
㉑手紙　㉒室

3
①夏に　海で　およぐ。　②東の　方角。
③西に　日が　しずむ。
④母が　店に　行く。
⑤昼ごはんを　食べる。
⑥手紙を　友だちに　書く。

かさこじぞう

62・63ページ　れんしゅうのワーク

1
①とし　②う　③か　④はず　⑤みち
⑥しん　⑦こめ　⑧うた　⑨あまど
⑩から　⑪みち　⑫と

2
①年　②売る　③買う　④外れ　⑤道
⑥心　⑦米　⑧歌う　⑨雨戸　⑩空　⑪道
⑫戸

3
①新しい　年に　なる。
②肉を　売る　店。　③父が　米を　買う。
④外れに　ある　田んぼ。

かん字を　つかおう5
かん字を　つかおう6

66・67ページ　れんしゅうのワーク

1 ①ようび　②ごぜん　③ごご　④たに　⑤いわ　⑥がんせき　⑦いけ　⑧とり　⑨うま　⑩くび　⑪とうばん　⑫ずがこうさく

2 ①曜日　②午前　③午後　④谷　⑤岩　⑥岩石　⑦池　⑧鳥　⑨馬　⑩首　⑪当番　⑫図画工作

3 ①日・出かける　②月・火　③水・木　④金・土　⑤休み・早　⑥九人・人　⑦一・六　⑧五・四　⑨十・三　⑩二・車　⑪七　⑫八

冬休み　まとめのテスト

68・69ページ　まとめのテスト

1 ①きょう・はし　②や・た　③じょうず・ひ　④はず・こめ　⑤ごぜん・うた　⑥とうばん・とり

2 ①楽しい　②顔　③食べる　④止まる　⑤地図　⑥海　⑦雲　⑧船　⑨朝　⑩母　⑪道　⑫雨戸

3 内

4 ①春　②東・西　③弟・妹

5 ①新しい　②計る

6 ①売　②広　③後　④強

7 ①岩　②晴

8 ①歩→歩　②切→切

てびき

1 ①「今日（きょう）」、③「上手（じょうず）」は特別な読み方の漢字です。

⑤「午前」は、夜の十二時から昼の十二時まで、「午後」は、昼の十二時から夜の十二時までを指します。なお、昼の十二時ちょうどは「正午」です。「午前」「午後」「正午」と三ついっしょに覚えておきましょう。

⑥「番」には、「かわるがわる」（順番・当番）、「数」（番地・番号）、「見張り」（番人・番犬）などの意味があります。

2 ①「楽」は、真ん中の「白」から書きます。送りがなもまちがえやすいので気をつけましょう。

④「止まる」は、筆順と送りがなに気をつける漢字です。「丨ト⺊止」と真ん中の縦棒を最初に書きます。

⑤「口」で囲まれた漢字は、筆順に気をつけます。中の部分を書いてから、最後に下の横棒を書きます。

⑩「毋」としないように気をつけましょう。「母」「海」は形が似ているので気をつけましょう。

⑪「辶」は書くのが難しい部分です。三画で書きましょう。また、「辶」がつく漢字は、最初に中の部分（「道」なら「首」）を書いて、最後に「辶」を書きます。

⑫「雨戸」は読み方にも注意する漢字です。「あめど」「あめと」としないようにしましょう。

3 筆順をまちがえやすい漢字を出題しています。「馬」は、縦棒「馬」を最初に書きます。「週」は、中の部分「周」を先に書いて、「辶」は最後に書きます。「内」は「丨冂内内」と書きます。

4 仲間になる言葉です。いっしょに覚えましょう。

①季節を表す漢字です。「春夏秋冬（しゅんかしゅうとう）」と四字熟語になります。

②方角を表す漢字です。「東西南北（とうざいなんぼく）」と四字熟語になります。

③家族を表す漢字です。「父」「母」もいっしょに覚えましょう。

5 送りがなをまちがえやすい漢字です。

①「新しい」を、「新い」「新らしい」などとしないようにしましょう。

②「計る」は、時間を調べたり、計算し

たりするときに使います。

6 反対の意味の言葉はいっしょに覚えましょう。

①「買う」と「売る」で「売買（ばいばい）」という二字熟語ができます。

③「前」と「後ろ」で「前後（ぜんご）」という二字熟語ができます。

7 ①「岩」は、「山」にある「石」と覚えましょう。

②「晴」は、「日」が照った「青い」空と覚えましょう。

8 ①「歩」＝「止」＋「少」と覚えましょう。「走」と形が似ているので気をつけましょう。

②「切」＝「七」＋「刀」と覚えましょう。「刀」の部分を「力」としないようにしましょう。

むかしから　つたわる　言い方／かん字の　読み方と　おくりがな／あなの　やくわり／かん字を　つかおう7

73～75ページ　れんしゅうのワーク

1
①いっかい　②くだ　③あと　④そと
⑤きんぎょ　⑥でんしゃ　⑦ほそ　⑧あ
⑨すいでん　⑩くに　⑪かど　⑫さき
⑬とお　⑭きしゃ　⑮ぼくとう　⑯ゆみ
⑰や　⑱かたな　⑲ちょくせん
⑳やまざと　㉑てら　㉒くろ　㉓こく

2
①一回　②下る　③後　④外　⑤金魚
⑥電車　⑦細い　⑧明かり　⑨水田　⑩国
⑪角　⑫先　⑬通る　⑭汽車　⑮木刀
⑯弓　⑰矢　⑱刀　⑲直線　⑳山里　㉑寺
㉒黒い　㉓黒

3
①山　②森　③町　④立つ　⑤村　⑥林
⑦川　⑧田

はんたいの　いみの　ことば／くらべて　つたえよう／声に　出して　みよう　ほか

78～80ページ　れんしゅうのワーク

1
①よわ　②とお　③ことし　④たいふう
⑤ふる　⑥とけい　⑦はんぶん
⑧こうえん　⑨ひとくみ　⑩さゆう
⑪きょうじゃく　⑫えんきん　⑬ばいばい
⑭へた　⑮かみて　⑯しもて　⑰まな
⑱り　⑲がようし　⑳あす（みょうにち）
㉑けさ　㉒かわら　㉓たなばた　㉔つの

2
①弱い　②遠い　③今年　④台風　⑤古い
⑥時計　⑦半分　⑧公園　⑨一組　⑩左右
⑪強弱　⑫遠近　⑬売買　⑭下手　⑮上手
⑯下手　⑰学ぶ　⑱理　⑲画用紙　⑳明日
㉑今朝　㉒川原　㉓七夕　㉔角

3
①図書かんまで　遠い。
②古い　画用紙が　ある。
③肉を　半分に　切る。
④角の　形。

お手紙／かん字を　つかおう8／にた　いみの　ことば

83～85ページ　れんしゅうのワーク

1
①まいにち　②かえ　③しん　④しんゆう
⑤はね　⑥とうきょう　⑦むぎちゃ
⑧なお　⑨こうつう　⑩こんや　⑪ほし
⑫せつげん　⑬ふうせん　⑭ちょうしょく
⑮ちゅうしょく　⑯さんしょく

2
①毎日　②帰る　③親　④親友　⑤羽
⑥東京　⑦麦茶　⑧直す　⑨交通　⑩今夜
⑪星　⑫雪原　⑬風船　⑭朝食　⑮昼食
⑯三色

3
①毎日　麦茶を　のむ。
②親友に　手紙を　書く。
③東京に　行く　船。
④交通ルールを　学ぶ。
⑤今夜は　星が　きれいだ。
⑥朝食を　作る。

4
①天気　②雨　③上　④青空　⑤白い
⑥下　⑦夕日　⑧赤い

86～88ページ　しあげのテスト

1 ①いっかい・そと　②さき・とお
③きしゃ・やまざと　④くろ・ちょくせん
⑤けさ・たなばた　⑥こんや・とうきょう

2 ①金魚　②角　③木刀　④寺　⑤弱い
⑥半分　⑦理　⑧画用紙　⑨帰る　⑩羽
⑪麦茶　⑫風船

3 ①7(七)　②18(十八)　③15(十五)
④11(十一)

4 ①1エ　2交　②1園　2遠
③1合　2会

5 ①知　②鳴　③姉　④星

6 ①道・首　②肉・内　③池・地　④新・親

7 ①ことし　②おとな　③かわら
④あす(みょうにち)　⑤ひとり
⑥とけい

8 ①午・牛　②方・万　③母・毎

9 ①1ほそ　2こま
②1めい　2あか　3あ
③1ご　2うし　3あと

10 ①書　②毛　③電　④教

11 ①下　②古　③買　④高

てびき

1 ②「とおる」の読み方は特にまちがえやすいです。「とうる」としないようにしましょう。他にも二年生で習った漢字の「多い(おおい)」、「遠い(とおい)」も、あわせて復習しておきましょう。
⑤「今朝(けさ)」「七夕(たなばた)」は特別な読み方の漢字です。

2 ②「角」の五画目の縦棒「角」は下につき出さないように書きます。
⑤「弱」には、「弱い」の他に、「弱る」「弱まる」「弱める」の送りがながつく読み方があります。また「弓」の部分は「ㄱコ弓」と三画で書きます。
⑥「半」は最後に真ん中の縦棒を上につき出して書きます。
⑦「理」=「王」+「里」と覚えましょう。
⑧「用」は最後に真ん中の縦棒を下につき出して書きます。

3 画数をまちがえやすい漢字を出題しています。
①「斤」は四画、「辶」は三画で書きます。
②「曜」のように画数が多い漢字は数えまちがいも多いので気をつけましょう。
③「糸」は六画、「水」は四画で書きます。
④「弓」の部分は三画で書きます。

4 読み方が同じ漢字の問題です。前後の言葉をよく読んでから、入る漢字を考えましょう。
②ここに入る「エン」は同じ部分をもち、形もよく似ているので特に気をつけます。1「園」は、囲いで囲われた場所を表す漢字です。
③ここに入る「あ(う)」は形がよく似ている漢字です。1「合う」は、「一つになる・おたがいに同じことをする」などの場合に使います。「話し合う」のように、動作を表す言葉の後につけて使うことも多いです。「答えが合う」や「意見が合う」も「合う」を使います。2「会う」は、「人と人が顔をあわせる」場合に使います。混同しやすくまちがえやすい漢字なので特に気をつけましょう。

5 ①「知」は、「矢」の部分の最後の「、」をとめて書きます。
②「鳥」と「口」をあわせて、鳥や虫など動物が「なく」という意味を表します。人が「なく」ときはちがう漢字を使います。
③「姉」は、左側の三画目「女」を、左から右ななめ上にむかって書きます。
④「日」は、時間や明るさ、天気などに関係のある漢字につきます。「星」のほかに「時」「明」「晴」「曜」「昼」「春」「早」などがあります。「星」は、「お日様」か

ら「生まれた」と覚えましょう。

6 漢字の共通部分を覚えましょう。

③「也」がつく漢字です。「池」と「地」は形がよく似ているので特にまちがえやすいです。

④「亲」がつく漢字です。「新」と「親」も形がよく似ているので特に気をつけましょう。

7 特別な読み方の漢字です。

8 形が似ていてまちがえやすい漢字です。異なる部分に気をつけて書きましょう。

①四画目に注意して書きましょう。「午」も「牛」も四画目の縦棒は最後に書きます。

②「方」も「万」も筆順に気をつける漢字です。「方」は三画目、「万」は二画目に気をつけます。

③「母」を「毋」と書かないようにしましょう。「母」「毎」「海」は形が似ているので気をつけましょう。

9 読み方がいくつかある漢字です。送りがなや前後の言葉を手がかりにして読みましょう。

①「細」は、送りがなといっしょに覚えましょう。

②「明」にはたくさんの読み方があります。それぞれ送りがなに注意しましょう。「せつ明」「明るい」「明かり」のほかに「明(あ)ける」「明(あ)かす」など送りがながつく読み方がいくつかあります。

③**2**「後ろ」は送りがなにも気をつけましょう。反対の意味の言葉「前」とあわせて「前後」という熟語になります。

10 それぞれ、①図書(としょ)・読書(どくしょ)、②毛糸(けいと)・毛虫(けむし)、③電車(でんしゃ)・電気(でんき)、④教室(きょうしつ)・教科(きょうか)となります。

11 反対の意味の言葉はいっしょに覚えましょう。

①「上手」の反対の意味の言葉は「下手(へた)」です。「上手」「下手」にふりがながない場合、「じょうず」「へた」「かみて」「しもて」のどれで読むのかは、前後の文をよく読んで判断しましょう。

④値段のことを表す言葉は、「やすい」と「高い」が反対の意味を表す言葉同士になります。位置関係を表す言葉になると、「高い」の反対の意味を表す言葉は「ひくい」になります。

3 2 1 0 9 8 7 6 5 4
＊ ＊ D C B A